企业高技能人才职业培训系列教材

ZHONGDIANANBAORENFANG(XUEXIAO)

重点安保人防（学校）

本书编审人员

主　　编　赵渊明

副 主 编　陶焱升　汤　军

主　　审　孙廷华

编　　者　孙　亮　李　凌　张　欣　赵静怡　丁　宁　李长生　童勤久
蔡宏光　林同山　张宇霞　李　晶　沈　莉　张　健　杨　杰
周一帆　杨海华　朱慧芬　韩力鸣　李盛群　何　川　伏　天

中国劳动社会保障出版社

图书在版编目(CIP)数据

重点安保人防. 学校/人力资源和社会保障部教材办公室等组织编写. —北京：中国劳动社会保障出版社，2016

企业高技能人才职业培训系列教材

ISBN 978-7-5167-2283-1

Ⅰ.①重… Ⅱ.①人… Ⅲ.①学校-保卫工作-职业培训-教材 Ⅳ.①D631.3

中国版本图书馆 CIP 数据核字(2016)第 017103 号

中国劳动社会保障出版社出版发行

（北京市惠新东街 1 号　邮政编码：100029）

*

三河市华骏印务包装有限公司印刷装订　新华书店经销

787 毫米×1092 毫米　16 开本　12.75 印张　212 千字

2016 年 2 月第 1 版　2020 年 7 月第 3 次印刷

定价：29.00 元

读者服务部电话：(010)64929211/84209101/64921644

营销中心电话：(010)64962347

出版社网址：http://www.class.com.cn

内容简介

本教材由人力资源和社会保障部教材办公室、中国就业培训技术指导中心上海分中心、上海市职业技能鉴定中心、上海市公安局治安总队依据重点安保人防（学校）职业技能鉴定细目组织编写。教材从强化培养操作技能，掌握实用技术的角度出发，较好地体现了当前最新的实用知识与操作技术，对于提高从业人员基本素质，掌握重点安保人防（学校）的核心知识与技能有直接的帮助和指导作用。

本教材以既注重理论知识的掌握，又突出操作技能的培养，实现了培训教育与职业技能鉴定考核的有效对接，形成一套完整的重点安保人防（学校）培训体系。本教材内容共分为3章，主要包括：学校安保人防、治安重点单位保卫基础知识和基本技能、保安员简易防卫术。另外，本教材还提供理论知识训练专题，学员可自行练习。

本教材可作为重点安保人防（学校）职业技能培训与鉴定考核教材，也可供本职业从业人员培训参考使用。

企业技能人才是我国人才队伍的重要组成部分，是推动经济社会发展的重要力量。加强企业技能人才队伍建设，是增强企业核心竞争力、推动产业转型升级和提升企业创新能力的内在要求，是加快经济发展方式转变、促进产业结构调整的有效手段，是劳动者实现素质就业、稳定就业、体面就业的重要途径，也是深入实施人才强国战略和科教兴国战略、建设人力资源强国的重要内容。

国务院办公厅在《关于加强企业技能人才队伍建设的意见》中指出，当前和今后一个时期，企业技能人才队伍建设的主要任务是：充分发挥企业主体作用，健全企业职工培训制度，完善企业技能人才培养、评价和激励的政策措施，建设技能精湛、素质优良、结构合理的企业技能人才队伍，在企业中初步形成初级、中级、高级技能劳动者队伍梯次发展和比例结构基本合理的格局，使技能人才规模、结构、素质更好地满足产业结构优化升级和企业发展需求。

高技能人才是企业技术工人队伍的核心骨干和优秀代表，在加快产业优化升级、推动技术创新和科技成果转化等方面具有不可替代的重要作用。为促进高技能人才培训、评价、使用、激励等各项工作的开展，上海市人力资源和社会保障局在推进企业高技能人才培训资源优化配置、完善高技能人才考核评价体系等方面做了积极的探索和尝试，积累了丰富而宝贵的经验。企业高技能人才培养的主要目标是三级（高级）、二级（技师）、一级（高级技师）等，考虑到企业高技能人才培养的实际情况，除一部分在岗培养并已达到高技能人才水平外，还有较大一批人员需要从基础技能水平培养起。为此，上海市将企业特有职业的五级（初级）、四级（中级）作为高技能人才培养的基础阶段一并列入企业高技能人才培养评价工作的总体框架内，以此进一步加大企业高技能人才培养工作力度，提高企业高技能人才培养效果，更好地实现高技能人才培养的总体目标。

为配合上海市企业高技能人才培养评价工作的开展，人力资源和社会保障部教材办公室、中国就业培训技术指导中心上海分中心、上海市职业技能鉴定中心联合组织有关行业和企业的专家、技术人员，共同编写了企业高技能人才职业培训系列教材。本教材是系列教材中的一种，由上海市保卫干部培训中心负责具体编写工作。

企业高技能人才职业培训系列教材聘请上海市相关行业和企业的专家参与教材编审工作，以“能力本位”为指导思想，以先进性、实用性、适用性为编写原则，内容涵盖该职业的职业功能、工作内容的技能要求和专业知识要求，并结合企业生产和技能人才培养的实际需求，充分反映了当前从事职业活动所需要的核心知识与技能。教材可为全国其他省、市、自治区开展企业高技能人才培养工作，以及相关职业培训和鉴定考核提供借鉴或参考。

新教材的编写是一项探索性工作，由于时间紧迫，不足之处在所难免，欢迎各使用单位及个人对教材提出宝贵意见和建议，以便教材修订时补充更正。

企业高技能人才职业培训系列教材

编审委员会

第1章　学校安保人防

PAGE 1

第2章 治安重点单位保卫基础知识和基本技能 PAGE 51

第3章 保安员简易防卫术

第1章

学校安保人防

1.1　校园安保工作概述

1.1.1　校园概况

校园安保工作所指的校园包括幼儿园、小学、中学，不分公私体制，不论规模大小。根据《企事业单位内部治安保卫条例》及上海市公安局的规定，幼儿园、小学、中学是治安保卫重点单位，应当贯彻单位内部保卫方针，依法落实保卫措施，保护学生和教职员工人身安全、保护学校公共财产安全，维护教学秩序。

1. 校园安全牵动着亿万人民的心

幼儿园是幼儿学前教育机构，幼儿园教育作为整个教育体系的基础，对学龄前儿童进行预备教育。幼儿园以游戏为主要活动，逐步进行有组织的作业，如语言、手工、音乐等，注重养成良好生活习惯。小学是人们接受最初阶段正规教育的学校，是基础教育的重要组成部分。一般6～12岁为小学适龄儿童，现阶段小学阶段教育的年限是6年。中学是“中等学校”的简称，属于一个大的学校类型，所传授的知识高于小学，低于大学，处于中等地位，学生就学的年龄一般在11～18岁。中学分为初级中学和高级中学，就读的时间各为3年。部分地区小学阶段教育年限为5年，初级中学为4年。

我国实行九年义务教育制度。义务教育是根据法律规定，适龄儿童和青少年都必须接受，国家、社会、家庭必须予以保证的国民教育。其实质是国家依照法律的规定对适龄儿童和青少年实施的一定年限的强迫教育的制度，具有强制性、免费性、普及性的特点。义务教育又称强迫教育和免费义务教育。

幼儿园、中小学校是幼儿、儿童及青少年最主要的社会栖身之所，人员高度密集。校园内的学子们认知能力有限，身体力量的对抗能力微弱，容易受到外来力量的侵害；他们是家长的掌上明珠，是国家发展的未来，是被保护的弱势群体。当前，我国正处于社会转型期，各种社会矛盾和敏感问题多发，影响到学校生活的诸多方面。校园安全是幼儿、儿童、青少年健康成长的基本保障，事关师生安危，牵动着亿万人民的心，受到政府高度关注。

2. 校园常见或易发的安全问题

校园治安问题是指校园内外非法行为造成的不安宁、不安全的问题。校园常见或易发的问题及案（事）件类型很多，其中对教学秩序影响很大、严重危害学生人身安全、侵犯财产安全的案（事）件主要是：

（1）少数学生家长对学校教育不满，以打砸抢闹为手段扰乱学校治安秩序。学校工作中存在着家校矛盾，呈现总体平和的状态，也有少量矛盾调解不当而激化，家长以粗暴的手段到学校闹事，侵害教师权利、扰乱学校教学秩序，导致教学工作不能正常进行。

（2）社会不法分子以学生及幼儿为侵犯目标，实施绑架、伤害、杀害学生案件，牵动全社会人心。校园发生绑架、伤害、杀害学生案件，凶手绝大部分是与学生、学校无关的社会人员，仅仅因为学生是最弱势群体容易得手。有些社会不法分子为获取大量钱财，不惜采取绑架低年级小学生，威胁家长交出财物的残酷手段。有些社会不法分子不满个人生活现状、意念社会对自己不公并厌世，为报复社会而将侵害的目标锁定在校园学子，并采取凶杀手段。

（3）一些社会人员将学校附近区域视为公安管理的真空地段，以学生为目标，实施以强凌弱、以大欺小、以多欺少的殴打、敲诈、勒索、抢夺、寻衅滋事的行为。也有一些学生为规避学校管理，将殴打、敲诈其他学生行为延伸到校外。因此，学校附近存在着学生遭受不法侵害的情况，公安部、教育部多次强调做好学校周边安全工作，并且采取了相应措施。

（4）学校现代化的教学设备设施价值昂贵，师生随身携带财物多，这些都成为违法犯罪分子窥视的目标，学校盗窃案件时有发生。校园也是盗窃行为侵害的重要目标，现代化的教学设备设施，使得学校财物更有价值，师生的手机、钱包、笔记本电脑等也价值不薄，有价财物吸引着违法犯罪分子的眼球。

（5）学生人数众多、学校集体行动多，容易发生挤压踩踏、群伤群亡事故或其他意外事故。校园是人员密集场所，学生年幼无知且好动，如果管理不当，容易因过失发生伤害事故。因此，意外伤亡事故在校园内发生的概率比较高。

（6）上学、放学时段，学生、车辆进出拥挤，疏导不当影响教学秩序或者社会交通秩序。我国汽车工业发展迅速，企事业单位和私人的汽车普及率十分高，机动车进出学校十分繁忙，校内交通安全成为安全管理的重要议题。社会车辆在校门口川流不息，与学校上学、放学人员互相拥簇，导致校门口交通安全隐患及秩序混乱情况丛生。

（7）学校性侵案、校车事故及师生伤亡案件时有发生。学校性侵案、校车事故、师生伤亡案件是治安问题，防范这类案（事）件的发生是学校安全管理的主要任务，它是学校行政管理直接管辖的职责范围，保安员应当关注这方面的信息情况。

1.1.2　校园安保工作

1. 校园安保工作特点

（1）保障学生人身安全是安保工作的首要任务。通常，企事业单位员工成为主要侵害对象的现象比较少见，单位的财物才是非法侵害的主要目标，侵财案件占单位案件的绝大部分，防盗是所有单位的主要防范任务。校园也有侵财案件发生，但是，校园中最大的危害是学生生命及健康受到侵害。近年来发生的社会不法分子进入校园伤害素不相识的学生案件，反映了校园学生成为非法侵害的特定对象，这是社会转型期特有的阶段性社会现象。所以，校园安全工作首先是保障学生人身安全。

学生是全社会关注、关爱的对象。现在的学生每天有差不多一半的时间是在学校中度过的，良好的校园安全措施极其重要。学生防范意识淡薄、自我保护能力不足、自救能力差，是特殊的保卫对象，学校应采取周全措施保护学生的安全，且任重道远。

学生是容易被各类违法分子侵害的群体，不同年龄段的学生被侵害的案（事）件特点各异，因此校园发生的案事件种类多样且复杂。校园保卫任务不仅仅是防火、防盗、防治安灾害故事、防破坏，还有以学生安全为中心的一系列任务，例如，防杀害伤害学生、防绑架学生、防学生交通事故、防学生意外伤亡事故，防挤压踩踏事件、防敲诈勒索学生、防抢夺抢劫学生财物，这些都是校园曾经发生过的案件，也是继续会发生的案件。

校园保卫工作任务多，种类复杂，对保安员的防范技能要求高于一般企事业单位。

（2）教师是校园安全工作的依靠力量。一般，一个学校有成百上千的学生，一个幼儿园的幼儿数量也有200人左右，保安员与学生比约为1∶100以上，少量的保安员承担着成百上千学生的安全，高峰时段保安员力量明显不足。

小学的师生比约为1∶20，中学的师生比约为1∶13。教师是课堂教学的责任人，是学生活动的组织者，也是部门安全的签约人，教师既有保障学生安全及工作场所安全的职责，也有保障学生安全的组织优势，教师是校园安全的依靠力量，是保卫学生安全的一支骨干力量。校园保卫必须发挥教师参与及保安专业管理的两支力量的两种作用，保安员应当加强与教师的联系、合作，善于依靠教师积极参与的力量，形成配合默契的安全保卫联盟，实现保安员工作事半功倍的效果。

（3）校园保安员应当具有较高的专业管理能力。首先，校园保安员不是简单的看门人、收发员，不仅应自觉履行岗位职责，而且还应具有配合校园管理所需要的安全知识，承担着积极向学校提供治安信息、防范建议的职责，并协助落实安全措施。

其次表现为保安员在突发事件处置中有专业能力和一马当先的专业精神。中小学、幼儿园未成年人居多，成年人少；男同志少，女同志多。校园教职员工中女同志身体单薄、力量不强、胆量不大，面对暴力侵害学生的歹徒，对峙控制能力不占优势。这就要求校园保安员在突发事件处置中，应当挺身而出，一马当先，发挥挡子弹作用、组织引领作用、指挥作用，这是专业要求。

发挥保安员专业管理主力军作用的要求是：岗位工作规范，能够指导教职员工开展安全工作，向学校献计献策，处置突发事件时挺身而出组织指挥。

2．校园安保工作职责任务

校园保安员的职责任务是依据保安服务合同的约定或者自招保安员单位的要求，发现并制止违法犯罪，预防治安灾害事故的发生，保护学生和教职员工人身安全和学校公私财产安全，维护教学秩序。

校园安保工作有七大主要任务：防暴力伤害、防挤压踩踏、防扰乱教学秩序、防意外伤亡事故、防交通伤害、防盗、防火。

1.2 校园保安勤务

1.2.1 校园门卫

1．校园门口区域治安安全特点

中小学、幼儿园的大门是学校迎接学生及教职员工开始一天学习工作的希望之门，也是学生及教职员工结束一天学校生活的安全之门。在上学、放学时段，校门内外一定范围属于人员车辆密集区域，管理不当容易引发交通拥堵问题，影响学生进出，也影响社会车辆通行。一些个体暴力恐怖分子以侵害公共安全为手段报复社会、扩大影响，往往选择在学校人员密集区域伤害学生。通常，门卫区域是校园惨案的发生地，也有一些以学生为目标的寻衅滋事案件、绑架案件发生在门卫区域。

校门是校园内外进出通道，校内发生的案（事）件绝大部分都是外来人员所为。所以，将社会不法人员阻挡在校门外是保安员的职责，校门守卫是校园安全的第一道防线，中小学、幼儿园实施封闭式管理，校园门卫是封闭式安全管理的关键。

2. 校园门卫岗位职责任务

校园门卫保安员对出入口通道开展管理，主要工作内容是人员进出识别管理、人员车辆通行秩序管理、出入物品检查、防范处置校门口突发事件、协助警方周边治安联防。门卫保安员的职责任务是下列十八条。

（1）按时开启、关闭校门，提前一定时间做好学生进校、离校的开门准备工作。门卫保安员应当按照学校规定准时开关校门，开启校门前应当做好本人着装及佩带器械工作，做好校门内外清障工作，以及需要做的其他工作。

（2）开启校门应当站岗放哨。站岗放哨是指保安员进入岗位站立区域进行守卫。凡是校门打开就应有保安员站立校门口守卫。早晨开启校门后，保安员在校门中心线外侧站岗，举止端庄，注意力集中，表情自然亲切。保安员对进出的师生行注目礼，遇到学生、教职员工向保安员打招呼时，应当态度温和、语言亲切地还礼。放学站岗主要目的是保障学生有序离校。校门打开时，保安员应严格管理，要查验出入人员、车辆的证件，阻止无关人员、车辆入校。

（3）站岗放哨时，应当观察校门内外一定范围内的安全情况，近防案（事）件发生，远视发现异常现象。站岗放哨的重要工作是观察，门卫保安员应当熟悉观察、判断、盘问异常情况发生时的方法。

观察的内容是：有无异常人员，有无异常物品，有无异常车辆，有无异常响动，有无人群骚动，从中发现可疑情况，进行重点检查或防范。观察校门外50米范围表示的是扩大观察范围的意思，观察的范围应属门卫区域，门卫保安员的观察有利于防范校门口案（事）件的发生，有利于发现校门远处的异常情况。

（4）校门口发生案（事）件时，应当挺身而出实施处置。保安员是保护师生安全、财物安全、维护秩序的第一责任人。处置门卫区域发生的案（事）件是门卫保安员的职责，要求保安员准确判断事情性质，迅速做出反应，挺身而出妥善处理。保安员应熟悉校门口突发事件的应急处置流程，理解处置要点：第一，报警接警；第二，观察、判断、定方案；第三，重点救助，现场控制；第四，抢救受伤人员；第五，现场保护；第六；善后工作。保安员熟悉并理解处置流程，有利于克服惊慌失措心理，有利于争分夺秒投入处置工作，有利于采取有效措施提高效益。

（5）上学、放学时段，执行学校保畅通措施，提前做好校门口清场工作。中小学、幼儿园数量极大，所处地理位置特点五花八门，低年级及幼儿园学生都有家长接送。人员及车辆阶段性高度集中，或者车辆停放不当等原因，会造成局部拥挤、堵塞，妨碍通行。保安员进行校门口人流及车辆的疏导清场工作，有利于保障师生进出有序安全。

（6）保安员应当及时疏导校门口车辆和人员，防止发生无序、拥挤、阻塞或踩踏等事故，确保校门口畅通有序，保障学生安全。在师生有序安全出入校门的过程中，某种原因校门口的人群及车辆产生拥挤堵塞现象，妨碍通行时，保安员不能视而不见任其自生自灭，应当及时采取措施履行疏导管理，并且采用规范的交通指挥手势和有效合理的调度方法，以确保校门口畅通有序，确保学生安全。

（7）上课期间，保安员关闭学校大门并且上锁，小门进出，随手锁门，封闭管理。中小学、幼儿园安保工作实行封闭式管理，封闭式管理的严密程度，首先取决于校门必须紧闭的物防措施。它要求关闭学校大门并上锁，由小门进出，小门进出应当随手锁门。门卫保安员应当认真执行锁门制度，不怕麻烦，不粗心大意。

（8）保安员在接待来访人员时，应先问清事因，然后与被访人员或有关人员联系。经同意后查验有效证件或者办理登记手续，方可进入学校。门卫保安员要熟悉和掌握学校内各部门及办公室的分布、位置及主要人员的联系方法。熟悉接待来访人员工作要点：第一，询问来意；第二，联系被访人员；第三，婉言拒绝入校；第四，登记；第五，告知入校路径。

来访人员要进校寻找某教职员工或者领导时，保安员应当询问事由、被访问人姓名等，然后与被访人员联系，确认是否接待、何处接待，经被访人员同意后办理登记手续，访客方可进入学校。查验证件一要快，二要细，三要讲礼貌。欢迎访客进校，保安员可以指引路径。

（9）学生家长因送药、送衣、家校联系等事由来访，须与班主任老师联系，经同意后，家长方可进入学校，或者由老师、学生到门卫室与家长接洽。家长因事到学校进行家校联系时，一方面要严格进校管理，防止不法分子混入校园或者家长随便进校影响教学秩序；另一方面，也应当为家长提供方便，因为学生及家长是学校服务的对象，学校是传播文明、科学的摇篮，家校联系的管理应当宽严适度，让人感觉温馨。

（10）校园外来施工人员应出示“施工出入证”“临时出入证”等证明，按指定通道进入，施工车辆、材料经登记后，按照指定路线进出。校园房屋修缮及设备更新保养等，都由社会相关行业单位负责施工，其人员、车辆、材料进出校园，保安员应当认真落实查验、登记制度。身份不明的人不能进入校园，设备材料等经过检查登记后方能带离校园。同时，门卫管理为施工顺利进行提供切实保障。

（11）门卫保安员受理报刊、信件及其他物件投递时，在门卫室登记交接，并按制度通知或者送达校内接收人，禁止投递人员进校。贵重物品应当通知当事人到门卫室亲自接收，没有接收人员或者接收人不在学校的，保安员不代保管贵重财物。

门卫保安员与投递人员进行物品交接，应当仔细清点、件件落实，校内接收人员领取物品应当登记签名。贵重物品价值昂贵，如有遗失等意外事故发生，损失重大、善后处理困难，慎重起见不要代为接收或者保管。

（12）保安员应严格管理易燃易爆物品进校，施工队携带施工需要的易燃易爆物品或者学校因工作需要购置的危险物品，应当仔细检查、认真登记，确认无误后放行，严禁来历不明的易燃易爆物品进校。

易燃易爆物品是指在受热、摩擦、震动、遇潮、化学反应等情况下发生燃烧、爆炸等恶性事故的化学物品，校园中常见的有如下几类：1）爆炸品，如雷管、炸药、导火索等；2）易燃液体，如汽油、煤油、酒精、香蕉水、松节油、油漆等；3）易燃固体，如硫黄、油布及其制品等；4）压缩气体类，如氢、氧、煤气、乙炔、液化气等；5）易自燃的物品，如红磷、硫黄、闪光粉、生松香等；6）腐蚀性物品，如盐酸、硝酸、双氧水等；7）氧化剂，这类物质本身不燃烧，但有很强的氧化能力，与可燃物接触可引起燃烧或爆炸，如高锰酸钾、过氯酸钾、过氧化钠、过氧化氢等。

易燃易爆物品在制造、买卖、储存、运输、邮寄、携带、使用、提供、处置等方面有一系列管理制度，门卫保安员主要是把好合法进入校园这一关，做好发现、检查、登记、报告四个环节工作，严禁来历不明易燃易爆物品进校。

（13）上课期间禁止学生自由外出，学生离校须查验相关手续。中小学、幼儿园实行封闭式管理，既指校外人员不能随意进入校园，也指校内学生不能随意离开校园。学生因为各种原因离校的情况时有发生，各校都制定了学生离校的规章制度，门卫保安员对按照规章制度履行了手续的学生，准予离开学校。有的中学制定了准予离校二联单制度，凭书面单据离校。中学生中会发生违反规定私自离校的现象，保安员应当识别违规，方法得当、妥善处理。小学、幼儿园一般采用老师或家长陪送制度，有班主任、家长陪同或者符合制度规定的其他情况才准许离校。

（14）认真执行出入车辆和物品登记制度，携带校内公用物品或大件物品出校门的，应当核对、检查物品出入凭证，严禁校内财物违规携带出校，严禁无证危险物品进入学校，严禁来源不明物品或者违禁物品进入校园。

登记出入的车辆和物品是门卫保安员的重要工作之一，保安员应当熟悉人员、车辆、物品进出的查验和检查的方法，掌握站位、距离、观察、语言等四方面的必要技能要求。保安员对出入大门的物品进行实际核对查验，以便确定物品的数量、规格等是否与相关证明所列一致。核对查验要细致，物品与证明内容一致的予以放行，遇到特殊情况，必须有学校相关人员随行说明，方可放行。

（15）保安员按照学校制度规定，按时开启有关区域的灯光。校园部分区域的灯光开关设置在门卫室，保安员准时开灯以保证该区域照明，一年四季刮风下雨时保证灯亮。校园夜间灯光方便留校人员生活工作，有利保安员观察情况并进行安全管理，对违法犯罪分子进入学校起到阻吓作用。

（16）门卫室保管学校部分常用钥匙的，需要使用钥匙时，应当按管理制度，履行签名、记录、请示、汇报等手续。门卫保安员工作具有连续性，一年 365 天、一天 24 小时履行安全管理。学校一般实行 8 小时工作制及双休制，为应对突发事情需要开锁进入某些部门时，学校将一些常用钥匙交门卫室保管。保安员执行钥匙保管制度，要方便他人使用，也要请使用人在保安勤务簿上签名，以备发生意外事件有据可查。

应急封存钥匙在启用前必须得到校方有权管理部门负责人的指令，启用后及时予以记录并填写封存记录。使用消防应急封存钥匙时，应当履行汇报制度，应急使用后补办启用手续。

（17）门卫室内有防盗、消防等监控设备的，保安员应不间断地观看监控显示器，并保持系统的正常运行。如果报警设施报警，应当到现场确认，并按情处置。技防将消防、防盗报警设备以及监控显示器安装在门卫室，门卫室负责这些专用实施设备管理，保安员应当有规律地观察监控设备运转情况。如果设备运转有问题，应及时报告，争取尽早维修，如果报警设备灯亮、声响报警，应当到现场确认，并按情处置，如果从监控显示器画面中发现异常情况，应当立即进行现场检查，不能排除嫌疑的应当严密监视、按流程操作。

（18）保安员应及时向公安机关反映校门口治安动态、道路交通秩序情况，为公安机关维护校园周边治安秩序提供动态信息。公安机关承担着维护校园及周边治安秩序的重大责任，校园安全需要得到公安机关的支持，公安机关需要与学校共同联手创造一方平安。校园周边治安环境左右着校园的安全，学校有责任向公安机关反映学校周边治安动态、道路交通秩序情况，包括机动车辆违规停放的信息，便于公安机关履行职责，强化管理提高效率。

公安机关维护校园及周边治安秩序八条措施的部分内容：对发生在校园及周边的侵害师生人身、财产权利的刑事和治安案件，实行专案专人责任制；在校园周边治安复杂地区设立治安岗亭，有针对性地开展治安巡逻，强化治安管理。在地处交通复杂路段的小学、幼儿园上学、放学时，公安机关派民警或协管员维护校园门口道路的交通秩序；在学校、幼儿园周边道路上设置完善的警告、限速、慢行、让行等交通标志及交通安全设施；在学校门前的道路上施画人行横道线，有条件的设置人行横道信号灯；在城市学校、幼儿园周边有条件的道路上设置上学、放学时段的临时停车泊位，方便接送学生车辆停放。

3. 校园门卫岗位要求

(1) 坚持刚性的门卫工作与温和的服务态度相结合。门卫保安员在校门口横刀立马，手持棍棒盾牌等器械，挺拔直立、目光集中，反映了门卫保安员刚强的气质。门卫保安员必须保一方平安，发现并消除一切隐患，不惜一切代价抵制各类违法犯罪的侵害。

服务群众是门卫工作的宗旨，为群众服务应当态度温和，特别是面对一群中小学生时，保安员的表情、说话要热情亲切，待物接人讲究礼节，使用规范语言。

中小学门卫保安员注意防止态度严肃有余、文明礼貌不足的倾向，也要防止客气有余刚性不足缺乏威慑力的倾向。只有这样，才能使保安员将威武、文明的素养集于一身，在成千上万学生心目中塑造正面可敬的保安员形象。

(2) 了解教学教育管理制度，方便群众服务学校。学校安保工作围绕教学教育活动开展，它与教学工作有着密切的联系，保安员需要了解一些教学教育管理制度及学校工作动态，把握学校管理与保卫工作的结合点，为学校提供高素质的保安服务。

教学教育工作制度及学校工作动态包括一日生活制度、多媒体教学制度、家校联系制度、物理化学实验室管理制度、办公室管理制度、组织师生外出活动安全管理制度，以及招生动态、会议动态、学生活动动态、施工动态等。保安员熟悉学校管理制度，便于掌控安全管理的节奏，促进重点部位管理，能够做好回复告知引导访客工作，提高访客的满意度，有利于维护教学秩序。

(3) 坚持严格执行制度与处理问题灵活性相结合的原则。保安员在大门口查验证件、登记车辆物品、管理门卫区域秩序，会遇到不遵守门卫制度、不服保安管理，或者被检查对象提出特殊理由，需要保安员网开一面，给予进出的情况。处理这类事情有三种方法：一是严格执行制度规定；二是不讲原则不按制度办事；三是既执行制度又灵活处理问题。

严格执行制度就是按条文办事，灵活处理问题则强调处理问题有时不符合制度的精神，二者在形式上是有矛盾的，实质上是统一的。严格执行制度是指保安员按照制度规定的内容做事，不能少做、漏做、打折扣做，也不能超范围做，它的核心内容是坚持安全第一、秩序第一。保安员在执行制度过程中会遇到各种新的突发状况。对于不遵守制度、不服从管理，又没有合理合情条件的行为，保安员应当照章办事予以拒绝，不放弃安全与秩序的原则。也有另外一种情况，形式上不符合进出大门的条件，但是存在合情合理的因素，可以采取变通的办法处理允许进出。这种变通处理方式符合安全及秩序第一的制度核心要求，能够取得三个效果，有安全、有和谐、有效益。

坚持执行制度与灵活处理问题相结合。灵活是指保安员在保障安全秩序的前提下，可以网开一面，这不违背严格执行制度的核心思想。灵活处理问题，使得群众关系更为密切，有利于安保工作；灵活处理问题，使得工作学习生活得到便利，有利实现保安服务的根本宗旨。坚持原则性和灵活性相结合的原则，就是安全与效益效率相结合，安全管理与服务相结合。

1.2.2 校园巡逻

1. 与保安巡逻有关的校园特点

中小学保安员白天防伤害学生的突发事件，晚上防盗窃和火灾；保安员在校门口防暴力伤害学生案件，在校内防扰乱教学秩序、学生意外安全事故、盗窃案。

中小学实施封闭式管理，校园内闲杂人员比较少，校内治安问题总量比一般企事业单位少，但是，各类安全问题仍然时有发生。

（1）开展教学活动是学校白天的主要工作和中心工作，维护教学环境安宁、安静是全校教职员工应尽的义务。过失影响教学秩序的现象，例如大声走动喧哗、搬运物品撞击声等时有发生，扰乱教学秩序的案（事）件仍然存在。发现、教育、排除、制止扰乱教学秩序的行为是保安员的职责。

（2）学校有成百上千甚至更多学生，他们同时上课，开展各类教学活动，形成浓厚的学习氛围，也带来了人多事多的安全隐患。校园人员高度密集，一声铃响同步集中或者解散，如果管理不当，容易发生挤压踩踏、群伤群亡事故。课间休息期间，学生年少而好动，因打闹、追逐、攀爬等导致伤害事故发生的隐患大量存在。保安员参与防止学生意外事故发生，是学校安全保障体系中的一支重要力量。

(3) 防盗防火是校园安全防范的重点。校园内存有大量有价值的财物，分散在各办公室、教室等部门，成为吸引盗窃分子的目标。校园内有大量电气设备设施，使用管理不当，将成为导致火灾发生的重大隐患。白天，保安员不断地进行防盗防火巡查。晚上，保安员在师生离校后落实物防措施，封闭教学、办公等大楼，检查各部门防盗措施执行情况，开展消防隐患巡查。保安员承担着学校防盗防火的主要责任。

2. 巡逻具体工作职责

(1) 开展常规巡逻，履行全面安全检查，记录台账。校园保安员根据本单位制度规定，依照确定的路线，按时对校园内特定的区域、地段和目标，有序地进行巡视、检查、警戒。这种巡逻是重复性、全面性、规范性的边走边检查的工作，因此称作常规巡逻。常规巡逻是通过安全检查，发现隐患，消除隐患的主动预防性监视活动，它是发挥安全防范作用的核心要素，务必认真做好每一次巡逻工作。

常规巡逻是全面性的安全检查工作，主要内容是保安员在巡逻中对人、事、物进行检查，判断是否存在异常情况；对教学秩序、消防管理、财物安全、学生安全进行检查，判断是否存在异常情况；对三防领域进行检查，判断是否存在隐患。保安员在巡逻中发现异常情况，应当查清事实，根据实际情况及时分类处理，件件有落实。发现隐患是手段，目的是消除隐患保障安全。安全检查包括发现隐患、消除隐患两个方面，采取适当措施消除隐患是巡逻的直接结果及最终责任。巡逻结束，保安员应当将工作情况记录在台账，以备发生问题有案可查，也能为总结工作提供客观资料，或者接受上级工作检查做好准备。

(2) 维护教学秩序巡逻。保安员在上课期间应当检查教学区域内有无身份不明或者闲杂人员的出现或者在游荡，有无影响教学秩序的事情发生，如果有异常人员或事情，应及时妥善解决，维持教学区域安静安宁的环境。

教学秩序的内容包括课堂秩序、教师工作秩序、学校领导工作秩序。教学秩序存在的形式包括内部秩序和环境秩序两种。内部秩序是指课堂内、办公室内的秩序，环境秩序是指课堂外、办公室外的公共环境秩序。内部秩序和环境秩序既有区别又有联系，走廊等公共部位的嘈杂声、喧哗声将打破教室的安静，影响课堂教学。中小学教学秩序存在的时间段是白天，维护教学秩序巡逻主要是白天维护公共环境秩序的安静安宁。因此，保安员在巡逻中，应当检查有无身份不明或者闲杂人员出现或游荡在教学区域内，及时查明情况并劝离教学区域，以防止影响教学秩序的情况发生。影响教学秩序的方式很多，凡是巡逻区域内有可能影响教学秩序的现象，保安员都要及时妥善解决。

（3）防盗巡逻。保安员在巡逻中应当检查有无盗窃隐患，一经发现及时消除或者报告。同时，保安员应观察有无盗窃嫌疑现象，发现盗窃嫌疑人，可以视情采取跟踪、查询、报告、报警等不同方法，查明事实及时处理。

校园盗窃案件的类型从时间分有平时盗窃与寒暑假盗窃，从对象分有盗窃学校财物、教师财物、学生财物三种类型。

校园防盗巡逻主要做好两件事，一是检查有无防盗隐患，二是观察有无盗窃嫌疑人，简称检查隐患、观察嫌疑人。保安员根据安全制度检查各部门的隐患，发现隐患要消除，有两种消除隐患的方法，如果条件及能力允许的，保安员当场消除隐患，如果不能当场消除的，保安员应当及时报告，请有关部门及人员予以消除隐患。

观察嫌疑人要求保安员密切注意身份不明、神色慌张、携带物品鬼鬼祟祟的人，仔细观察有无单人迅速出入暂时没有人的教室或办公室，如发现盗窃嫌疑人，可以视情采取跟踪、查询等方法，进行真相调查或者嫌疑排除，不能排除嫌疑的，及时控制视线，并采用报告、报警等不同方法，请单位或公安机关进行处理。

（4）防范意外伤害事故巡逻。保安员在巡逻区域内，应当观察是否有学生在玩耍危险游戏，或者有私自攀爬等危险动作，如发现这类隐患应当及时劝导制止。保安员应在学生容易滑倒跌落的地方，加强安全防范及警示教育，以防发生意外伤害事故。

校园意外伤害事故主要指三类情况：一是学生之间互相嬉戏打斗、玩耍危险游戏造成的伤害；二是学生私自攀爬翻越造成的伤害；三是学校的教学和生活设施质量不合格，或者因气候引起的容易滑倒跌落的隐患造成的伤害。校园伤害案件发生数量较多，成为学生健康成长的一大杀手，学生痛苦、家长愤怒、学校无奈，而且严重影响了学校正常的教学秩序。大部分学生由于生理和心理发育还不成熟，很容易发生意外或危险，这就决定了学校作为学生最直接的教育者和管理者，对未成年学生承担注意的义务应高于一般人的行为标准，保证在校学生的人身安全和健康安全。因此，学校未尽到管理职责而导致学生遭到意外伤害，应承担一定的民事责任。

意外伤害发生的时间主要是课前、课后、午间、晚间。保安员在巡逻范围内发现意外伤害的三类情况，都有责任采取相应措施，有效防止伤害事故发生。同时，保安员应加强与领导、老师之间的信息沟通。

（5）防范拥挤踩踏事故巡逻。保安员在巡逻中遇有学生集聚流动的高峰时间段时，应当在楼梯等特别拥挤的控制点实施警戒，并开展引导工作，避免发生拥挤踩踏事故。

学校是人员密集场所，学校在某个时间点上的教育教学活动，具有学生行动的统一性、同步性特点，一声令下所有学生必须同时进入教学大楼和各自教室，一声铃响，成百上千学生离开教室拥向楼梯挤出大楼，由此形成学生高度集聚流动的高峰。上下课和集体活动开始的时间段就是学生高度集聚流动的高峰，这是一个容易导致拥挤踩踏伤亡事故的隐患，极其危险。学校每天都要经历几次学生高度集聚流动的高峰，因此，每个学校都有相应的现场管理制度。保安员在巡逻区域中遇到学生流动高峰时，应当立刻选择控制点实施警戒，控制点是指那些特别拥挤的部位、容易发生碰撞的部位、容易观察全局的部位。控制点的警戒包括观察、宣传、阻挡、指挥等引导工作。防范拥挤踩踏事故是学校教职员工的职责，也是保安员的职责，保安员与教师分工合作、共担责任。

（6）教学楼清场巡逻。放学后，保安员应逐层逐间检查教学楼教室的门窗、空调、计算机、电器等的关闭状态，发现问题应及时解决。保安员发现教室内仍有学生，应关心告知学生学校关门时间已到，回家请注意安全，如果有异常情况，及时采取措施予以解决，并报告领导。

（7）复杂部位清场巡逻。师生离校后，保安员应做一次清场巡逻，检查厕所、天台、地下室、设备机房、垃圾房等隐蔽地点，以及操场、绿化茂密带等开阔区域，确认是否有师生遗留物、顽皮学生躲猫猫。如有学生滞留，保安员应当问清情况，劝导及时离校。如果发现可疑人员藏匿，保安员应当控制对方，并请示领导或者报警。

（8）按时关闭教学大楼大门，关闭有关部门、通道设置门禁的大门，打开灯光设施。各学校对教学大楼、重要楼层、重要部门设置了夜间封闭防盗措施，保安员负责在规定的时间，启动这些物防、技防设备设施，同时打开灯光照明。第二天早晨，保安员按时开启有关部门、通道设置门禁的大门，关闭灯光设施。保安员启动夜间物防、技防设施时，应当按时进行、仔细落实，防止产生不关门、假关门等隐患。

（9）夜间重要部位巡逻。保安员巡逻至校园重点部位时，应当用停、听、看、问、推等方法，检查有无异常声响、门窗是否关闭、有无闲杂人员躲藏等情况。如发现问题应及时排除或者报告，防止发生盗窃、破坏、治安灾害事故等治安问题。

（10）机动车安全巡逻。有些学校有停车场，有些学校停留较多机动车辆，凡是校园内有校车或者其他机动车停放的，保安员应当使用听觉检查车内有无异常情况，使用视觉、触觉查看车辆门窗是否关闭，车辆内是否有贵重物品，是否有人滞留。如果发现异常情况，应当采取相应措施给以解决。

（11）消防巡逻。保安员应当检查所有设备、器材、标志等硬件设施，确保良好、完整，包括照明、墙面、地砖、各消防安全通道、应急灯、标识、防火门、消防栓、门禁、报警设备等。

（12）施工现场巡逻。学校有施工任务时，保安员应当检查有无违规违章施工情况，有无违规违章动用明火情况，如果存在问题，应及时劝阻，不听劝阻的应当报告请示。

（13）校园外围巡逻。保安员检查的重点是围墙、电子围栏、边门、路灯等物防技防设备设施是否有隐患，是否有可疑人员窥视学校。如果有异常情况，应及时采取措施并报告。

（14）发现、制止不法侵害。保安员在巡逻中发现正在发生的违法犯罪行为，应及时采取适当措施予以制止，并报告领导或者直接报警。《内保条例》赋予保安员制止发生在本单位的违法行为的职责，制止行为受法律保护。保安员制止违法行为的方法要合法、文明、有效，根据制止措施的风险等级，采取既有利于自身安全，又有利于控制嫌疑人的措施。保安员对难以制止的违法行为、发生的治安案件、涉嫌刑事犯罪案件应当立即报警，并采取措施保护现场，配合公安机关的侦查、处置工作。

（15）紧急参与。紧急参与是指保安员接到信号，快速赶赴现场，直接投入处置工作的过程。听到求救声或者学校领导紧急处置指令时，保安员应携带装备器械，跑步赶赴现场，参与处置。

突发事件是指突然发生后果比较严重或十分严重，需采取应急措施予以应对的事情。对突发事件进行紧急处置有利于控制局面，扼杀事故隐患和防止事态扩大，为抢救生命、减少损失赢得时间和提供人力保障。

常用紧急参与信号包括特定铃声、特定广播内容、对讲机等电子通信设备发出的紧急参与内容。巡逻保安员根据紧急参与信号的要求，快速赶赴现场，投入处置工作。急促求救声应当视为紧急参与信号，听到求救声时，保安员应携带装备器械，争分夺秒赶赴现场，直接投入处置，不要贻误战机。

（16）保护犯罪现场和治安灾害事故现场。保安员参与较大或者重大案（事）件处置，最后一道程序是保护现场，应当按照规定认真开展保护现场工作。

现场有犯罪现场、火灾现场、其他事件现场。它是案（事）件发生的地点和遗留有与案（事）件有关痕迹、物证的一切场所。现场保护是指对案（事）件现场从案发到现场勘查开始前这一阶段的保护，是对发现案（事）件的现场保持原始状态，防止遭受变动而采取的措施。保安员根据现场具体情况，采取相应方法，达到保持现场原始状态的目的。保安员在不能确定有些现场是否需要保护时，可以先保护后请示，根据上级或警方的指示开展工作。

（17）校园内发生自杀事件处置。中小学内偶有自杀事件发生，保安员发现后应迅速赶到现场。首先将现场情况报告领导，如果当事人有生命特征需要抢救的，采取措施予以抢救或者报120急救。如果已经死亡，使用警戒线或者其他路障，封锁现场，警戒区域大小以有利于公安机关开展现场调查以及防止群众拥挤贴近为准。保护自杀现场，需要保安员采取遮盖尸体及动员学生离开现场的两项措施，防止对学生产生不良影响。保安员在实施警戒的时候，注意听取群众的议论，以便公安机关调查时提供有效信息。

3. 校园巡逻工作基本要求

（1）明确校园的重点巡逻区域、路线、时间、频次及相应巡逻关注重点。

（2）掌握巡逻区域内所有通道、重点要害部位及设施分布情况，熟练使用相关技防、物防设备。

（3）掌握各类设施、设备、器材等的安全管理制度和巡查方法要求。

（4）掌握各类安全隐患的产生规律和相应防范处置措施。

（5）具备异常情况观察、跟踪、盘问、盘查方法技巧。

（6）保证巡逻记录完好、清晰。

（7）熟悉学生意外事故的表现

1）学生运动、玩耍不安全。

2）学生容易发生危险，应防磕碰、防滑、防摔、防坠落、防挤压、防活动不当等事故。

3）学生在课余时间相互追逐、戏耍、打闹时不掌握分寸和方式方法，使用笔、石子、小刀、玩具等器械造成的伤害。

4）挤压、践踏事故。放学和下课时，学生在楼道、门口等黑暗和狭窄的地方互相争先而造成的挤压、践踏等事故。

5）学校楼房走廊栏杆的高度不符合要求；校园设深水池；体育设备不定期检查、维修、更换，有些危房在带病使用；校园设施老化。

4. 可疑人员及物品的处置

（1）可疑人员的处置

1）保安员在校园内发现形迹可疑人员应立即上报，留意观察及监控其行为，并迅速采取措施控制。

2）保安员对可疑人员进行询问，同时尽量限制其行动在局部区域内。

3）若可疑人员自述进入校园的目的明显缺乏可信度，无人证、物证可以证明，甚至说话前后矛盾，蛮不讲理，保安员应将其带入保安办公室进一步盘问。

4）若有证据证明可疑人员是危险人物或犯罪嫌疑人，保安员应立即打报警电话，由警方带走作进一步调查。

5）若可疑人员在盘问时夺路逃跑，保安员应当将其相貌、身高、衣着及其他特征和逃走方向向警方报告，同时做好此人再次闯入校园作案的警惕和防范。

6）保安员在整个过程中应采取切实有效的措施，防范可疑人员使用暴力，确保自身及周围人员的安全。

（2）可疑物品的处置

1）保安员在发现可疑物品的第一时间应及时上报，同时侯命待在现场附近，以防无关人员靠近或在周围吸烟、使用手机、发动机动车辆等。

2）等待专业人员进行初步鉴别，判断是不是危险物品，若不能排除危险物品，应立即报警请警方专业人员进行检测和处理，严禁擅自打开或随意摆弄可疑物品。

3）若可疑邮包和物品被警方确定为危险物品，保安员应立即协助警方在其周围设置警戒线，撤离疏散无关人员。

4）保安员应采取相关防范措施预防易燃易爆、有毒、有害物品伤害事故的发生，配合警方组织人员在校园其他区域搜寻检查，确定在校园内是否还有其他可疑物品。

1.2.3 校园中控室

1. 校园中控室的管理任务

校园中控室的管理任务是：实时监控校园重点区域、部位；突发事件应急指挥；消防、应急、报警系统管理。

2. 校园中控室的具体工作职责

（1）按中控室管理制度实施24小时专人值勤，负责巡更、报警、消控、门禁以及电梯控制等相关系统的操作，严格执行交接班制度。

（2）保安员在值勤时，密切监视屏幕上的任何情况，同时认真做好当班记录，发现有可疑情况立即定点录像并及时上报；如有报警应及时上报，并派人到报警地点检查情况，同时作好相关报警信息记录。

（3）全天候监视校园重点区域、部位的各种情况，发现可疑、不安全迹象及时上报和通知保安员处置，并随时汇报变动情况直至问题处理完毕。

（4）保安员应向上级提供校园各区域治安消防实况，配合场内各类保安事件的处置，全方位控制动态，同时监督保安员执勤情况。

（5）保安员按管理规定对消防系统进行清洁、维护、测试及检查，如发现有故障应及时报修，并记录在值班记录本上，写明故障点、故障时间及处理结果；按规定对摄像机换卡和登记；合理调配摄像机监控区域和显示方式，保证最大限度的监控范围和录像质量，重点区域及时间作重点监控。

（6）保安员应保持中控室门保持常闭状态，严守岗位，保持高度的警惕性，禁止无关人员进入和逗留，发现可疑情况严密监视并及时通知保安员和上级部门密切配合确保安全。

（7）保安员应确保中控室24小时电话畅通，随时注意更新保安相关“紧急联络电话号码”，保证紧急联络状况的有效性。

3．校园中控室的工作基本要求

（1）保安员应规范中控室服务及专业用语，规范操作。

（2）保安员应掌握校园设施情况，熟悉图纸，熟练掌握监视设备、消防控制设备的特性、功能和操作程序。

（3）保安员应掌握日常及应急情况下各种问题的处置手段和程序，熟悉各突发事件的应急处理程序。

（4）保安员应严格遵守中控室交接班管理制度，勤务登记准确及时、内容清楚、如实汇报情况，无遗漏、无差错；哨位设施无损坏、无丢失；不擅自离岗；确保保密监控，不向无关人员泄露。

（5）保安员严禁无故擅动室内系统设备、调整监控时钟、消除录像内容和隐瞒监控情况。

（6）保安员严禁在中控室内睡觉、吸烟、聊天、嬉笑、看电视节目、打无关紧要的私人电话、看书报。

1.3　常见紧急情况处置

1.3.1　扰乱教学秩序行为处置

1．扰乱教学秩序的原因及性质

（1）家校教学矛盾沟通不当，少数家长采取暴力方法表达不满情绪，造成学校教学工作不能正常进行，构成扰乱教学秩序行为。扰乱行为人主要是学生家长，由于不满学校老师教学方法或管理，为发泄不满采取的过激行为。也有社会人员因为其他原因，而进校扰乱教学秩序。

（2）扰乱教学秩序行为的法律界定

1）扰乱单位秩序行为。《治安管理处罚法》第二十三条第一款第一项和第二款规定，扰乱机关、团体、企业、事业单位秩序，致使工作、生产、营业、医疗、教学、科研不能正常进行，尚未造成严重损失的，处警告或者二百元以下罚款；情节较重的，处五日以上十日以下拘留，可以并处五百元以下罚款。聚众实施前款行为的，对首要分子处十日以上十五日以下拘留，可以并处一千元以下罚款。

2）聚众扰乱社会秩序罪。聚众扰乱社会秩序罪是指聚众扰乱社会秩序，情节严重，致使工作、生产、营业、教学、科研无法进行，造成严重损失的行为。

（3）扰乱教学秩序案件的具体表现。扰乱教学秩序发生在三个区域：扰乱课堂上课秩序；扰乱教师办公秩序；扰乱校园领导办公秩序。扰乱教学秩序的行为方式包括纠缠、殴打、谩骂、侮辱。扰乱教学秩序的结果是影响课堂教学工作不能正常进行或不能进行。

2．扰乱教学秩序的处置要点

（1）保安员发现扰乱教学秩序行为，主要是两个渠道：第一是保安员依靠听觉、视觉等手段，主动及时发现教室、办公室等场所的异常现象；第二是接到报警。

（2）发现扰乱教学秩序行为或者接到报警，保安员应当及时赶赴现场。

（3）保安员到达现场首先对行为人的行为是否影响教学工作作出判断。判断其结果，不问事情原因、过程。根据不同的结果，采取不同管理措施。

（4）行为人在教室里与老师争吵、纠缠或者侮辱、殴打老师的，保安员为保障课堂教学工作正常进行，都应当制止，并要求行为人当即撤离教室，不听劝阻的强行劝离。

（5）发生在办公室内的吵闹，如果行为人侮辱、推搡、殴打老师的，保安员都应当制止，并要求行为人当即撤离教室，不听劝阻的强行劝离。

（6）发生在办公室内的吵闹，如果行为人仅仅是言词粗暴、态度凶恶，保安员应当根据现场老师的意见、采取不同措施，或者劝导行为人冷静，或者劝导行为人离开办公室，或者劝导行为人到其他空房间，坐下来心平气和地解决纠纷。

（7）在行为人没有离开学校前，保安员应当采取近距离的监视措施，紧随行为人，防止行为人情绪失控伤害老师。

（8）保安员是否要报警、是否要将行为人控制在学校、是否追究责任，应当听从学校指令。

1.3.2 校内学生之间“殴打他人”行为处置

1. 学生之间“殴打他人”的性质

(1) 中学生殴打他人或者多人殴打一人，情节、后果严重或者比较严重的，构成违反治安管理行为或者伤害罪。只有达到了法定年龄的人，才能成为行为主体，才能承担法律责任。

根据治安管理处罚法第十二条的规定，违反治安管理行为的责任年龄段划分如下：第一，负完全责任的年龄段，已满18周岁的人违反治安管理，承担全部责任；第二，负不完全责任的年龄段，已满14周岁不满18周岁的人违反治安管理的，从轻或者减轻处罚；第三，完全不负责任的年龄段，不满14周岁的人，不能成为违反治安管理行为的主体，也不能给予治安管理处罚。

构成伤害罪的责任年龄划分如下：第一，完全不负责任的年龄阶段，不满14岁；第二，负不完全责任的年龄阶段，已满14岁不满18岁；第三，负完全责任的年龄阶段，已满18岁。

小学生没有达到法定年龄，殴打他人的行为不违法。

(2) 发生在社会上的殴打他人行为，公安机关依法处理。殴打他人发生在社会上，群众或者家长将殴打他人的行为人扭送公安机关，公安机关根据法律规定，应当进行调解，或者处罚。

(3) 发生在学校内的学生殴打他人行为，后果不是很严重的，由老师解决，更有利于教育学生。殴打他人发生在学校内，根据情节或后果，学校可以采取教育与报警两种方法。由于学校是教育单位，学生是未成年人，后果又不严重，采取校内老师解决的方式有更好的社会效果。

(4)“殴打他人”行为处理的管辖。学校职能部门及班主任是处理这类事情的责任人。

2. 学生之间“殴打他人”的处置要点

(1) 保安员发现殴打他人或者打群架的事件，应立即制止。保安员是否需要报告，应当根据情节、后果是否严重，以及继续发生打架的可能性来决定。

(2) 保安员应当判断学生伤势情况，决定是否需要医治，进行分类处置。学生伤势严重或者出血很多的，应当立即送卫生室、医院医治。学生伤势不重，如有乌青块等，将双方送到有关老师处，由老师处理。

（3）殴打他人情节极其轻微，介乎于推搡与殴打之间，没有构成轻微伤的，当场教育，如果学生接受教育，问清学生所属班级可以放行，如有必要将情况报告老师。

（4）后果比较严重的打架事件，保安员应当保护现场，为警方调查案件事实提供条件。

（5）后果比较严重的打架事件，保安员应当固定目击证人，问清目击者姓名、班级，向学校汇报。

1.3.3 校车事故特点及保安责任

1. 校车安全是学校安全工作的组成部分，2010—2012 年，校车事故的伤亡人数高于校园惨案

常见校车事故有违章驾驶翻车坠河、两车相撞、超载拥挤等原因导致学生伤亡，也有幼儿被遗忘在校车内闷热饥饿导致伤亡。校车事故绝大部分发生在社会交通场所，但是校车大部分时间都停靠在学校，保安员关注校车停靠安全也是一项重要的工作。

2. 保安员的职责是对停靠的校车进行必要的检查

保安员检查的内容有四项：停车位置是否符合规定；校车内是否有学生没有下车；是否有其他人员混入校车；校车门窗是否关好，关心校车内财物安全。

3. 保安员保障校内行车安全是重要职责

中小学生在校内活动不注意车辆安全，而校内机动车、自行车进出频繁，对学生安全有一定危险。保安员随时关注机动车、自行车进出，加强对车辆的指挥、管理。同时，保安员应加强对学生及司机的提醒、宣传。

4. 机动车在校内的事故处理

（1）保安员发现机动车交通事故后，立即报告校方。

（2）保安员应维持现场秩序。

（3）如有人员伤亡，保安员应立即通知急救中心。

（4）保安员应尽快恢复交通畅通。

1.3.4 学生自杀案处置

1. 学生自杀案件的发生情况

“学生跳楼”不是少见现象，从小学生到大学生甚至研究生，每年都有案件发生。2012 年，上海全市共发生中小学生各类安全事故 2 468 起，因家庭矛盾、情感因素造成学生自杀的占 5.3%。“学习压力太大，竞争激烈而自杀”“为自证清白跳楼自杀”

“不堪作业压力而自杀”是三大原因，学生自杀也反映了学生的心理健康问题比较严重，学生的心理承受能力太弱，这是类似悲剧的共同特点。

2．学生自杀案件的处理要点

（1）保安员发现有人自杀，应当及时以最快速度赶到现场。到达现场首先确认是否需要抢救，需要抢救的，立即拨打120医疗急救电话。同时立即向校领导或者有关科室报告。

（2）保安员根据常识判断，确认自杀者已经死亡，应当就地取材用床单、席子等较大材料，遮盖尸体，减少自杀残酷状态对其他学生的影响。自杀现场要实施警戒，封锁现场，使用桌椅、绳子等材料代替警戒带，将现场围起来，保护现场，劝导学生不要围观。保安员实施警戒区域面积的下限以公安机关能够开展现场调查为准。警戒带是用于依法在特定场所设置禁止进入范围的专用标志物。普通的警戒带在一般的劳保店里就有卖的。撤销警戒是根据学校或者公安机关的指令，撤销警戒。

（3）听候调配。保安员采取救人、报告、封锁现场后，应当在现场听从领导指派，积极协助学校或者公安机关的工作。保安员也可以注意现场群众的议论，帮助了解自杀者身份、从何处跳楼等信息。

1.3.5 校园盗窃案处置

1．校园盗窃案件特点

（1）校园盗窃案没有发生的特定时间，需要随时提高警惕、加强防范。白天，违法犯罪嫌疑人混入学校盗窃公私财产；晚上，他们可能翻墙进入学校盗窃公私财产；节假日、寒暑假，因为学校几乎没有人，也容易发生盗窃案件；学校操场对社会开放时间段盗窃案件发生的概率会增加。

（2）盗窃分子进入学校，一般都到办公室、教室、计算机房等重要部位盗窃，寄宿学校的学生宿舍也是盗窃的重要目标。

（3）盗窃目标为教学设备、师生财物。盗窃分子一般窃取现金、金饰品、手机、笔记本计算机、计算机CPU和内存、多媒体教学设备设施等。

2．校园盗窃案处置要点

（1）发现盗窃时，保安员应立即向学校报告，夜间向110报警。如果发现盗窃嫌疑人，保安员应当跟踪观察，在有条件的时候，力争堵截捉拿。保安员应防止因为抓获盗窃嫌疑人，导致对方伤害学生和老师。

（2）保护盗窃现场。发生盗窃案件，保安员应当采取封锁现场的措施达到保护现场的目的。对室内的现场保护，主要是封锁住出入口，并且控制好现场周围地带。保安员对现场进行保护，要根据现场周围环境、作案人的来去路线等情况，划定现场保护区域，布置警戒，禁止无关人员进入。通常是将现场的房间和室外进出该房间的路线及可能留有犯罪痕迹、物证的场所，一并封锁起来，布置警戒或者绕以绳索，禁止一切无关人员入内。现场保护人员不要乱走乱动，不准从嫌疑人进出的通道通行，对散落在地面的衣物、文件、纸张和作案工具等物品，一律不准接触和移动。

（3）保护遗留物品及痕迹。保安员对现场遗留的刀棍、纽扣、手帕、帽子、手套、纸片及各种蒙堵物要妥善保护；如果现场有划痕、血迹、毛发等痕迹也要加以保护；保护案发现场的重要部位；重点要保护好嫌疑人出入的道口、爬越的窗口、打开的抽屉等；对被打开或者被破坏的锁头、爬越的围墙和窗户、盗取财物的箱柜和抽屉都要保持原状，以免留下新的痕迹。

1.3.6　校园门口及周边涉及侵害师生案处置

1. 校园门口涉及侵害师生案的类型及特点

（1）类型。校园门口涉及侵害师生案包括寻衅滋事案、敲诈勒索案、抢夺抢劫案、伤害案。

（2）特点

1）寻衅滋事案、伤害案主要发生在中学门口及周边。

2）寻衅滋事案发生原因及行为人特点有两种情况。第一，主要是校内学生纠纷，一方邀集校外社会人员以伤害方式参与报复另一方的非法活动，涉事人员大多是校外社会未成年人。第二，少数社会青少年团伙在学校附近寻衅滋事、抢劫、伤害，给学生和家长带来了严重不安情绪。

3）敲诈勒索案、抢夺抢劫案比较多的发生在小学、中学门口及周边。涉案人员主要是社会青少年团伙（俗称小混混或者恶少），在学校附近敲诈勒索、抢夺、抢劫，也有高年级学生，以大欺小、以多欺少的情况。

4）有些校园的周边治安环境不如人意。由于校园周边网吧、娱乐场所、小卖部、快餐店等场所云集，人员结构复杂，社会闲散青少年聚集校园周边。一些混迹校园周边的不法分子很容易对经过这些地方的学生实施侵害，并在作案后轻松藏匿或逃跑。因此，校园周边的地下车库、弄堂、小公园等成为不法分子侵害学生的主要地点。

2. 保安员应对校园周边安全问题的处置要点

解决困扰校园周边安全的问题，不仅需要加强警力，更需要采取社会综合治理措施。保安员也应当有保护学生安全的意识，在视线范围内履行安全职责。

（1）异常情况报告。保安员应经常观察动向，发现本校门口及周边有治安异常现象，及时向学校领导报告。

（2）保安员发现有人跟踪本校学生，应及时采取措施保护学生的安全。

（3）保安员发现有人向学生实施敲诈勒索行为时，应当及时制止。

（4）案件嫌疑报警。保安员发现寻衅滋事、敲诈勒索、抢夺抢劫、伤害等侵害学生的嫌疑案件时，要及时报警。

1.3.7 绑架学生案处置

暴力劫持人质是当前暴力犯罪的一个主要类型，严重威胁着人民群众的生命安全。暴力劫持人质案是指犯罪分子使用暴力或以暴力相胁迫，非法绑架、劫持、扣押他人为人质，向被劫持者、家属或第三人进行恐吓、要挟，以达到索取财物或其他目的的犯罪行为。

1. 绑架学生案的含义及类型

（1）绑架犯罪含义。绑架罪是指利用被绑架人的近亲或者其他人对被绑架人安危的忧虑，以勒索财物或满足其他不法要求为目的，使用暴力、胁迫或者麻醉方法劫持或以实力控制他人的行为。

（2）中小学幼儿园常见的两类绑架案

1）校外绑架案。歹徒在校外将学生绑架并且窝藏到某秘密地，直接恐吓、要挟学生家长，以达到索取财物的目的。

2）校内绑架案。歹徒在学校内绑架学生，俗称劫持人质，向被劫持者家属或第三人进行恐吓、要挟，以达到索取财物或其他目的的犯罪行为。

2. 校外绑架案的特点及处置

（1）校外绑架案特点

1）小学四五年级的男学生最容易被绑架。初中生反抗能力较强，不容易受控制或者恐吓；而低龄的儿童难以照顾，达不到勒索家长的目的，反而碍手碍脚。四五年级的小学生最容易成为绑架对象，大部分绑架案例均是如此。只有小学生不仅易于控制，且能在不法分子的恐吓下受其摆布，其中四五年级的男学生是最为高危的群体。

2）中小学、幼儿园都可能发生绑架案，它的案发量不是很多，但是后果严重，牵动社会人心。

3）绑架前可能经过踩点或是跟踪锁定大致范围；目标人群多为家境殷实的小学四

五年级的学生，家长爱子心切多数会乖乖就范给钱。

4）绑架手法及绑架后逃脱的方法显示是有预谋的，绑来孩子后多关在出租屋；歹徒多数为非专业“半路出家”；谋划作案多慎之又慎，长时间踩点或有内部熟人接应。

5）因为熟人绑架后怕学生认出来对家长说，所以大部分的熟人在得手后会铤而走险，杀人灭口。

6）动机明确。劫持者的动机和目的是暴露的、明确的，主要是以敲诈勒索巨额财物为目的，以提供其索要财物作为释放人质的交换条件。

（2）校外绑架案处置要点。绑架中小学生或幼儿园幼儿，大都不是临时起意的案件，它是一场有计划、有预谋的犯罪，作案是一个比较长的时间过程。虽然案件发生地都在学校附近，不是学校内，但是保安员在处理这类案件中还是有些工作可以做的。

1）观察踩点的异常人员。违法犯罪人员到学校踩点，有不同于正常到校接学生的家长的表现，保安员可以注意观察在学校附近进行踩点的异常人员，其异常表现是：闲逛，不接学生，数次出现，眼神关注的对象是时间、地形、路径，对某一学生的数次跟踪。

2）发现绑架嫌疑。有些保安员对学生比较熟悉，也了解一些学生放学回家路上的习惯性走路现象。当绑架人在学校附近绑架学生上汽车的时候，保安员会感觉异常。

3）观察记住嫌疑人的体貌特征、车辆特点。

4）幼儿园防止幼儿被冒领或溜出校门。

3. 校内劫持人质案的特点与处置

（1）校内劫持人质案的特点

1）歹徒劫持的学生具有不特定性，校内防范薄弱环节的学生容易被劫持。

2）歹徒行凶的概率很高。歹徒心理扭曲，犯罪主观恶意强，有其特定的动机和目的。歹徒情绪激动、动作粗暴，用刀将作案工具抵住受害人咽喉，或者身上携带爆炸物，被害人往往受虐待、重伤甚至惨遭杀害。

3）歹徒在劫持人质初期，以人质为筹码要挟他人，不会立刻行凶。劫持人质的谈判阶段，一般不会立即行凶，这时候需要稳定歹徒情绪，争取化解矛盾，保护人质安全。劫持人质案犯罪分子与警方对峙时间越长，劫持向行凶转化的概率增大。

4）犯罪嫌疑人占据了有利地形、空间，增加了解救难度。解救是警察的责任，唯有专业化的警察才有能力解救。

（2）稳定歹徒情绪的处置要求

1）要想解救人质只能智取。冷静激发智慧，清醒才有生机。慌神导致手足无措，必将增大生命的危险性。处于被劫持的逆境，一定要让被劫持者坚信自己并非孤立无援，做到虽被劫持却不乱方寸。被劫持者紧张，劫持者更加紧张。

2）保安员配合周旋，示乖稳定劫持者。保证生命是第一目标，面对劫持歹徒，要尽量配合劫持者提出的要求，稳定他的心理，为被劫持者求生创造条件。

尽量避免大幅度动作，不要刺激劫持歹徒。劫持者高度紧张，如同惊弓之鸟，保安员和被劫持者如不冷静，出现大幅度动作，就会刺激劫持歹徒，促使他仓促间开枪杀害人质。

3）柔性诉求攻关，沟通打动其心。劫持者也是人，只是这时候他受到某种因素的驱使丧失了理智，成为了劫持歹徒。如果在短暂的接触中，利用自身特点，视其柔弱内心，倘若能晓之以理，动之以情，展示被劫持者“可怜”之处，拨动其心弦，就有可能让劫持歹徒心动而释放。

4）胆大心细，伺机脱逃。劫持者要随时观察外部情况，势必要分神，这就为被劫持者寻找脱身之法提供了机会。被劫持者要胆大心细，注意在不动声色中观察，拿准机会就猛然行动。

5）尽量避开刀口，不直接面对最好。在被劫持人多的情况下，劫持歹徒不可能始终将刀口对着一人，倘若歹徒枪口对着某个劫持者的时候，千万不要盲动，不妨以特殊亲和对之，让歹徒不视其为威胁对象，刀口自然不会以其为主要对象，这就加大了生还的希望。

（3）处置人质的要点

1）对话。与劫持者展开对话，稳定劫持者情绪，不要激化矛盾。

2）报警。

3）设置警戒区。

4）清场。

5）为警方停车开辟通道、停车区域。

6）选择最佳房间作为警方现场指挥办公室。

7）了解情况、控制嫌疑人员。

8）协助警方工作。

1.3.8 校园凶杀案处置

校园凶杀案大多是指某些社会不法人员流窜到学校、幼儿园以杀害幼儿、小学生为手段，报复社会、发泄不满而滥杀无辜的案件。

1．校园凶杀案的特点

（1）以学校、幼儿园为犯罪实施地，以不特定学生、幼儿为侵害对象，学生是被袭击主体、伤亡主体。校门口、校内、教室内都可能成为杀人现场。

（2）凶手是身强力壮的成年男子，杀害手无缚鸡之力的少年儿童。

（3）杀人手法极其残忍、恣意；凶手在刀所能及范围内，见人就杀，杀几个、杀一片，称为“群杀”。凶手在一分钟、几分钟时间内，“群杀”无辜学生，刀刀见血，其杀人的单位时间可以以秒计算，称为“秒杀”。

（4）群众能够制服歹徒。

2．校园凶杀案的处置要点

保安员对校园凶杀案处置要点如下：

（1）发现犯罪行为要挺身而出。

（2）立即报警。

（3）严正斥责。

（4）使用工具。

（5）向前逼近。

（6）击打刺压。

（7）引导学生避难。

（8）发动群众斗争。

（9）等待增援。

（10）实施事件现场警戒，加强各出入口、通道的防范，阻止无关人员进入学校，维护现场秩序。

（11）服从领导指挥调配。

（12）协助警方工作。

（13）协助救援工作。

1.3.9　组织疏散处置要点

学校发生暴力案件、突发事件，威胁师生群体安全，往往造成群死群伤后果。为了保障绝大部分师生安全，特别是学生的安全，必须组织疏散，将学生安全快速地带离危险源，转移到安全地带。保安员在制止违法犯罪分子伤害学生的同时，组织疏散是保护学生唯一有效的方法，也是学校必备的自救能力。

保安员在制止违法犯罪，组织疏散的行动中，承担一部分工作。保安员具体承担哪一部分工作是不确定的，应当服从学校的分配，保安员应当对整个疏散要求熟练掌握。

参与组织疏散要点：

1. 了解不同案（事）件需要疏散的目的地。

2. 了解不同案（事）件需要采用的疏散线路。

3. 掌握疏散学生的方法。

4. 了解护送途中遇袭的可能性及长期的应对措施。

5. 掌握疏散防止践踏伤害的方法。

6. 根据突发事件现场情况，能够当机立断确定疏散目的地、疏散线路。

1.4 校园暴恐应急处置

1.4.1 幼儿园门前保安员应急处置实例训练（对持刀犯罪嫌疑人的控制）

人员保障：5人。4名保安员，1名犯罪嫌疑人。

装备保障：保安长棍、手电筒、灭火器、警戒带、木棍、脸盆等。

1. 背景资料

某幼儿园于早上7：30开园，但不少家长送小孩较迟，一般要到9：30前后才能全部送来。因此，在7：30入园高峰结束至9：30期间，侧门会关闭；但为了应对不断到来的入园幼儿，锁往往只是挂在内侧门上，并未锁死。这给犯罪嫌疑人徐某有了可乘之机。大约9：20，孩子们刚做完半小时课间操，并吃过一次辅食。此时，犯罪嫌疑人徐某手持一把50多厘米的长刀，闯入幼儿园小二班。先用刀捅伤生活老师后，又向所有幼儿乱砍，多数幼儿已被砍倒，孩子们的头部到处是血，有的躲到墙角，有的躺在地上，有的歪在椅子上，头上血流如注。

校园保安员和校外人员拿着拖把等，在班门口与犯罪嫌疑人徐某对峙。

2. 实战操作

如果你当班执勤，面对持刀犯罪嫌疑人将如何处置？

（1）正确的处置。面对手持长砍刀的危险人，保安员要立即做出反应，快速移步接近歹徒。在口令控制的同时，操起灭火器，冲入室内对准正在挥刀行凶的犯罪嫌疑人喷射；或用长短保安棍、钢叉控制；或运用擒拿格斗技术当场干脆利落地将徐某擒获控制。

（2）其他。拨打 110 报警、120 急救；现场群众求助；现场急救。

根据《中小学幼儿园安全管理办法》，学校应当健全门卫制度，建立校外人员入校的登记或者验证制度。学校门卫应当由专职保安员或者其他能够切实履行职责的人员担任。在治安情况复杂的学校周边地区增设治安岗亭和报警点，及时发现和消除各类安全隐患。

3．考核方法

随机抽取一个题卡，考官在场下将考题内容布置给显示员并下达口令，应考人员根据即时显示情境进行实战操作。

4．评定方法

考核评定按校园保安员对实战应用能力点以及具体手持工具，徒手防护、反击技法在对抗实战中运用熟练程度进行综合评定。

1.4.2 小学校门前保安员应急处置实例训练（对吸毒者持菜刀行凶的控制）

训练目的：提高校园保安员徒手、持装备反击的实战能力；掌握徒手和持装备防卫实战的应用技能；提高程序、安全与战术意识，培养良好的应急反应能力；掌握校园保安员遇袭、遭遇应急时的正确处置技巧；强化熟练防卫实战技能。

人员保障：3 人。

装备保障：盾牌、保安棍、手电筒、暴恐钢叉、警戒带、仿真菜刀、匕首、棍棒等。

场地保障：训练场。

1．背景资料

夏季，有一名戴帽子、穿长袖衫、面黄肌瘦的男子手插在裤兜里，在学校门前徘徊，动作反常。此时一中年妇女手拉学生向某小学校门方向行走，该男子突然从腰间掏出菜刀，在光天化日下挥舞着向母女两人乱砍，妇女本能举起左手臂阻挡菜刀，并呼喊：“救命！救命！来人啊！”

2．实战操作

面对挥刀砍人的吸毒者，现场的你将如何处置？

正确的处置：门卫保安员闻讯手持防暴钢叉冲向持菜刀歹徒，用防暴钢叉叉住歹徒持刀臂膀和脖颈，命令歹徒：“把刀放下，把刀放下！”

此时，另外两名保安员也持防暴钢叉合围过来，用防暴钢叉牢牢控制歹徒，三个防暴钢叉钳住歹徒的脖颈、躯干和腿脚处的三个部位。同时，保安员应报警，拉警戒带。

3. 考核方法

随机抽取一个题卡，考官在场下将考题内容布置给显示员并下达口令，应考人员根据即时显示情境进行实战操作。

4. 评定方法

考核评定按校园保安员对实战应用能力点（反应与估势、观察与距离、防护方法、反击方法、时机把握与续接手段）以及具体手持工具，徒手防护、反击技法在对抗实战中运用熟练程度进行综合评定。

1.4.3 保安员对校门前特殊武疯子应急处置实例训练

1. 对袭击中学的特殊武疯子的控制

目的：使用保安棍和防暴钢叉的目的是希望短暂性解除对方的积极恶意威胁而非令对方永久残废，以制服武疯子为限度。保安员在遭到罪犯行凶报复或袭击，需要自卫时，可以使用保安棍、防暴钢叉，这样能够在平时预防恶性事件的发生，以及能够在突发恶性袭击事件第一时间起到及时制止、保护和反击的作用。保安员将活动机能神经中心列为打击目标是希望对罪犯构成的潜在受伤机会减至最低，所以并不主张攻击骨骼或关节组织。用敲击截击及击打对方的活动机能神经中心已被列为强硬中级武力控制。

人员保障：5人。4名保安员；1名犯罪嫌疑人。

装备保障：保安长棍、保安短棍、手电筒、防暴钢叉、灭火器、警戒带、木棍、脸盆等。

（1）背景资料。某中学校园大门前的马路，正是学生早晨上学的高峰时期，车水马龙、络绎不绝。校园保安员根据上级的要求，采用“2+2”的保安模式，严格岗位值守。7：30左右突然窜出一名头戴棒球帽、手持长砍刀、患有精神病的男子，挥刀向多名毫无防备的中学生砍去，现场一片混乱。

（2）实战操作。如果你当班值守，面对持刀砍杀学生的犯罪嫌疑人将如何处置？

1）正确的处置：保安员立即挺身而出，迅速起动，持长短保安棍，快速上步接近犯罪嫌疑人，口令控制的同时，用长短保安棍对准正在挥刀行凶的犯罪嫌疑人戳击、劈击或用长短保安棍控制；或运用擒拿格斗技术当场干脆利落地将男子擒获控制。

在战术上，运用前后夹击，前引后击战术形式，控制武疯子精神病患者。

控制手段：可采用多种技能。

2）其他。拨打110报警、120急救；现场群众求助；现场急救。

根据《中小学幼儿园安全管理办法》，学校应当健全门卫制度，建立校外人员入校的登记或者验证制度。学校门卫应当由专职保安或者其他能够切实履行职责的人员担任。在治安情况复杂的学校周边地区增设治安岗亭和报警点，及时发现和消除各类安全隐患。

（3）考核方法。随机抽取一个题卡，考官在场下将考题内容布置给显示员并下达口令，应考人员根据即时显示情境进行实战操作。

（4）评定方法。考核评定按校园保安员对实战应用能力点以及具体手持工具，徒手防护、反击技法在对抗实战中运用熟练程度进行综合评定。

2. 对袭击小学、幼儿园的特殊武疯子的控制

人员保障：5人。4名保安员；1名犯罪嫌疑人。

装备保障：保安长棍、保安短棍、手电筒、防暴钢叉、灭火器、拖把、警戒带、木棍、脸盆等。

（1）背景资料

【案例1】早上7：20左右，在某实验小学校门口，一名40多岁身穿灰色上衣的盲人精神病患者（武疯子）突然窜出，挥刀朝上学的学生一路乱砍、乱捅，其中，捅了好几个小学生的肚子，现场造成多名小学生伤亡。

【案例2】早上7点左右，某幼儿园门口一名女精神病患者（武疯子）持刀追赶2名中年妇女和2名儿童。

（2）实战回答。你在校园门卫值守时，面对持刀歹徒该如何处置？（可从以上两个案例中选择一个完成。）

正确的处置：

【案例1】行凶者是个盲人武疯子（精神病患者），可在现场请求周围路过的群众冲上去合力制服。也可采用保安棍、防暴钢叉或拖把打掉行凶者砍刀，然后迅速接近，前后、左右夹击将其控制。

【案例2】行凶者是个女武疯子（精神病患者），应果断出击，上前拦截阻断行凶者。运用诱捕战术，以智取胜，前后夹击。保安员喊话“你有本事来砍我！”并做出过来的手势。此时，由后面的保安员快速控制。也可在语言控制的同时采用保安棍、防暴钢叉或拖把打掉行凶者砍刀，实施控制。

（3）考核方法。随机抽取一个题卡，考官在场下将考题内容布置给显示员并下达口令，应考人员根据即时显示情境进行实战操作。

（4）评定方法。考核评定按校园保安员对实战应用能力点以及具体手持工具，徒手防护、反击技法在对抗实战中运用熟练程度进行综合评定。

1.4.4 保安员对校门前多名罪犯应急处置实例训练

1. 背景资料

某日下午16：30分左右，某学校门前正是放学的晚高峰时段，校门前人流如梭。有4名保安员手持长短保安棍和保安盾牌呈四点站位法，正警觉地巡视着四周。在校门左侧近50米处，发现有两名青年男子停住脚步窃窃私语，行为诡异。在行走到距离校门前30米时，发现他们衣着不合身，也不合季节。在行至15米时发现其衣物内有凸起的现象。在7米距离时发现其面颊和脖颈有汗水流出，仔细观察发现这两人目光狐疑、凶狠和不安。两人突然挥刀向放学的多名学生砍去。

2. 实战操作

（1）如果你当班执勤，在校门左侧近50米或30米处，发现有两名青年男子停住脚步窃窃私语，行为诡异、衣着不合身、不合季节。你该如何处置？

正确的处置：

1）持长短保安棍进入实战戒备状态，做好应急处置准备。

2）立即派出两名保安员对二人实施严密监视；辨识其反常可疑行为。

3）向上级报告可疑情况，并关闭大门。

4）指派一名保安员注意监视观察其行踪。

（2）在15米时，发现其衣物内有凸起的现象。你该如何处置？

正确的处置：

1）两名保安员持长短保安棍上前接近、截停。

2）呈三角站位盘查：“请你停一下，我们是保安员，正在执行任务，请出示有效证件。”

3）拦截其去路，互相掩护。

（3）在7米距离时，保安员发现其面颊和脖颈有汗水流出，仔细观察发现这两人目光狐疑、凶狠和不安。你该如何处置？

正确的处置：

1）保安员持长短保安棍立即做出反应，快速移步接近歹徒。

2）口令命令站住，双手抱头；同时用长短保安棍做出防卫准备。

3）若对方有危险行为，保安员可立即使用长短保安棍技术处置。

（4）两人突然奔跑，挥刀向放学的多名学生砍去。你该如何处置？

正确的处置：

1）保安员奋不顾身冲向歹徒，命令歹徒“把刀放下”，用长短保安棍牢牢控制多名歹徒或用防暴钢叉控制。

2）运用擒拿格斗技术，当场干脆利落地将其擒获控制。

3）拨打110报警、120急救；现场急救；现场群众求助。

（5）保安员在校门前，持长短保安棍应急处置一名歹徒与处置两名以上歹徒时有何不同？

正确的处置：

1）采用的技战术不同。两名保安员应急处置一名歹徒时，主要应用两面夹击的战术方法。而应急处置多名歹徒时，保安员应相互协调配合、掩护，主要使用包围战术或各个击破、分别处置的战术；现场保安员应采用同时出击、重点控制的战术，即先控制最危险的、持凶器的、正在犯罪的或者组织者。

2）追击堵截的方法不同。一名歹徒目标明确，应集中保安员从后或者前后夹击追击控制；多名歹徒目标分散，情况紧急时应先集中力量先追击一名歹徒，控制后再追击第二名、第三名。若同时追击时，应在保安员数量优势的前提下实施。

（6）暴恐犯罪分子的识别。暴力恐怖分子一般会有以下部分或全部特征：

1）衣不称身。

2）衣物凸起。

3）外露电线。

4）流汗。

5）自言自语。

6）多数冷静及独立行事。

7）伪装。

8）紧握拳头（保护爆炸装置）。

9）目光狐疑、凶狠、不安。

10）躲避、徘徊。

11）两只或一只手不在明处。

12）眼睛发贼。

13）手持凶器。

14）行为诡异、行动迅速。

15）滥杀无辜。

3. 考核方法

随机抽取一个题卡，考官在场下将考题内容布置给显示员并下达口令，应考人员根据案情进行实战回答。

4. 评定方法

考核评定按校园保安员对实战应用能力点进行综合评定。

本章测试题

一、判断题（将判断结果填入括号中。正确的填“√”，错误的填“×”）

1. 中小学、幼儿园门卫保安员通过站岗、检查、观察等措施，发挥着校园安全第一道防线的威慑作用。（ ）

2. 早晨开校门的时间已到，保安员张某、李某有许多事情要完成，他们首先应当立刻去校长办公室送报纸。（ ）

3. 上学、放学期间，校门打开后，保安员甲某的站岗位置被学校老师评价为正确，乙某的站岗位置没有得到肯定，保安员甲的位置是门卫室门口。（ ）

4. 保安员在校门口站岗时，应面带笑容迎送师生，并时常转头观察校门周边情况。（ ）

5. 开启校门后，保安员有许多工作任务，其中有的保安员站立在校门外侧，负责疏导人流，维持交通秩序。（ ）

6. 保安员在校门站岗时，目不转睛地观察进出校门口的学生，督察人员认为该保安员观察区域及对象不全面，观察区域应当是校门外 5 米范围内的安全情况。（ ）

7. 学生上学、放学阶段，校门开启，保安员站岗护校，帮助他人也是执勤护校的任务。（ ）

8. 早晨大开校门迎接学生，有保安员、老师、警察同时在场守卫，如果发生突发事件，应当挺身而出的第一责任人是校长。（ ）

9. 有几位家长提前 30 分钟到校门口，在阳光照射下等待孩子放学，他们要求学校保安员给予照顾，于是保安员让家长进入门卫室等待。（ ）

10. 某小学地处社区之内，某日学校开展学生春游活动，15：30 有 9 辆大客车回

到学校，此时校门口已经有大量的学生家长等着接孩子。保安员接到通知后，应守在校门内侧，学生到校时立刻开门。（　　）

11. 某中学校门沿街开设，还有20分钟学生外出活动的16辆大客车就要回来，大客车停在校门口，此时校门口已经有大量的学生家长等着接孩子，保安员首先应提前做好的准备工作是开启边门，方便学生进出。（　　）

12. 某小学校门口，下午放学的时候，机动车、非机动车乱停现象一直比较严重，为疏导交通，保安员的正确做法是劝其驶离。（　　）

13. 中小学、幼儿园实行安全封闭式管理，保安员在校门管理上正确的做法是大门紧闭，小门虚掩。（　　）

14. 上课期间，学生可以自由进出学校，不需要经过询问、查验等手续。（　　）

15. 有一位中年男子自称是某教师的朋友，来校看望老朋友，保安员以老师正在上课的理由拒绝其进入学校。（　　）

16. 教育局近日在某校举行教学研讨活动，一位参加会议的人不知道该学校的具体地址，遂打电话到学校门卫室询问。保安员欢迎她到校指导并详细告知了行走路线。（　　）

17. 校园门卫室保安员接待来访人员，正确的操作流程是：开门询问、访客登记、联系确认、开门放行。（　　）

18. 一位学生家长给孩子送药，学校保安员问清情况后正确的做法是直接放家长进校。（　　）

19. 保安员对进出校门的施工人员，应要求其出示临时居住证。（　　）

20. 经校方同意施工队临时增加一名施工作业人员，该作业人员在进场时未带有效证件，此时保安员在其履行访客登记后放行。（　　）

21. 暑假期间学校教学楼大修，大修人员首次进入校园，保安员应当清点进场人员数量、检查携带物品，离场时应查验携带工具物品。（　　）

22. 有住宿生的学校每逢新学年开学，学生会收到大量快递，保安员面对大量快递，比较合适的做法是堆在门卫室让学生自己来取。（　　）

23. 某日上午，学校组织活动，所有老师均外出参加，投递人员送来一份快递和一份信函，保安员应当根据信件物品重要程度，一般信件代为签收，但贵重物品不应代为保管。（　　）

24. 学校因教学或装修需要，使用易燃、易爆材料，必须经保安员同意，并由施工队派专人负责管理。（　　）

25. 某中学一位学生家长称已经与班主任联系，上午第二节课后带孩子去医院看牙齿，此时保安员让家长自己去教室门口等下课。（ ）

26. 某日中午，一中学生称下午上课的课本没带，要求回家拿，保安员凭班主任当日签发的出门条，准予放行。（ ）

27. 某校放假期间开展课桌椅和计算机、投影仪等多媒体教具置换工作，这些物品出校时，保安员应当记录物品数量名称、车辆牌照号，开学后交由总务后勤老师。（ ）

28. 夜幕降临时，某非住宿制中学保安员应劝离滞留学生、开启通道照明、开启周界设防、进行全面巡检。（ ）

29. 门卫室受委托保管学校部分常用钥匙。某日傍晚时分，一名老师进办公室拿资料，从门卫室借用了办公室钥匙，此时，保安员在保安交接班记录本上注明借用人员和有关时间。（ ）

30. 保安员发现监控设备不能正常使用，正确的做法是自己及时动手修理。（ ）

31. 某中学上课时间，保安员小张在楼面巡逻，门卫室消防控制柜上的声光显示报警，门卫保安员小王根据报警显示地址代码，确认具体位置，立即到场查看处置。（ ）

32. 幼儿园保安文明服务应当根据服务对象是幼儿的特点，做到态度温和、语言亲切，对喜欢的幼儿可拍拍其脸或抱抱。（ ）

33. 六一儿童节当天，幼儿园正在举行庆祝活动，一记者来到幼儿园要求采访园长，保安员应查看证件，联系园长，经园长允许登记放行。（ ）

34. 世博会期间的一天上午，某学校学生进校期间，保安员小李正在校门口执勤，有记者来学校欲采访保安员小李，了解学校的保卫工作措施，保安员小李确认记者身份后，主动介绍本校好的做法和经验。（ ）

35. 电动门钥匙和巡逻手电筒不应当放在值班室的桌面上。（ ）

36. 上午上课时段，保安员发现一男子在教学大楼二楼走廊来回走动，保安员立即报告学校有关部门。（ ）

37. 保安员发现一名不明身份男子在教学大楼游荡。保安员上前询问，首问语句是：你找哪位？（ ）

38. 保安员许某在夜间巡逻中发现一名陌生人从教师办公室出来，手中拎着一个装有物品的布袋，涉嫌盗窃，保安员立即对现场进行了保护。（ ）

39. 保安员晚上巡逻发现教学楼拐角灯不亮，学生晚自习走路有危险，第二天保安员向后勤部门报修。（　）

40. 保安员进行消防硬件设备设施检查，发现灭火器已过有效期，采取的措施是将情况记录在案。（　）

41. 保安员在操场巡逻中发现有两个学生手持利器在玩危险游戏，于是保安员用对讲机向校方反映。（　）

42. 保安员在课间巡查时，发现近一阶段在楼道、楼梯口、操场学生奔跑打闹情况增多，有几个班级学生攀爬上窗台，在单双杠上做有危险动作的人增多。保安员立即上前制止，将学生驱离操场或危险区域即可。（　）

43. 夜间巡逻到计算机房、办公室、财务室等重点区域时，保安员小李不恰当的方法是停、听、看、闻、摸。（　）

44. 保安员对校园进行夜间巡逻，要检查应急灯工作状态，保持主要通道照明的开启。（　）

45. 放学后，保安员在清校巡逻过程中的唯一要求是按照规定线路走。（　）

46. 有些学校夜间有私车、校车停放在校内，巡逻中应检查车辆安全停放的情况，耳听车辆内是否有异常声音，或者喊几下，试看有无异常动静。（　）

47. 学校在暑假期间有施工任务，其中拆除栏杆需要明火作业，此类施工现场，保安员应当核对动火单、明火操作证和作业人员身份证件。（　）

48. 某学校学生上体育课要去马路对面的操场，保安员特别需要做的事情是请过往车辆慢行。（　）

49. 保安员在书写巡逻执勤记录时，应该保持记录的完整清晰，书写间隔的时间不应超过 4 小时。（　）

50. 学生在校外被伤害属于校园意外事故。（　）

51. 保安员发现某学生家长与老师在办公室争论，家长言词粗暴、态度凶恶，保安员应立即到办公室劝阻家长。（　）

52. 上课期间，一位学生家长与老师在学校某教室门口发生争执，教室内学生看着双方争论。保安员老徐巡逻时发现这一情况，立即上前制止并要求家长当即离开教室。（　）

53. 一位家长对某老师教育其儿子的方法十分反感，第二天到学校去教训老师，争论中打了老师一记耳光后扬长而去。保安员巡逻至现场并目睹打人过程，保安员应当阻拦家长离校。（　）

54. 初中女生李某在厕所滑倒并骨折，她母亲陈女士与校长多次交涉医疗费用没有结果，一日下午陈女士再次来校要求见校长，趁保安员小张不注意擅自闯入学校，小张追赶并拉住陈女士，告知没有征得校长同意不能进校，拉扯间陈女士摔倒在地，并声称保安员打人。本事件中，保安员小张恰当的处理方法是：请陈女士履行登记手续并报告校长。（　）

55. 保安员发现几个学生殴打某学生，某学生鼻子流血，保安员迅速制止并当场教育放行。（　）

56. 某中学保安员小戴上午在校园内巡查，突然听到一声沉闷的巨响，他循声跑去，只见教学楼旁一女生躺在血泊之中，附近操场上正在上体育课的学生看到此情景非常惊慌，现场有点混乱。此时小戴第一时间应该拨打110报警电话。（　）

57. 某中学课间操时间，几乎所有的同学都在操场上。就在这时，一名高二女生从教学北楼四楼窗口跳下，现场惨不忍睹，学生身首断裂当场死亡。保安员的职责之一是：保护尸体、物证，用适当的材料将尸体盖好。（　）

58. 周日23：00左右，忽然下起了大雨，某小学保安员小林担心门窗被大风吹开，出门开始巡查，走到教学楼时发现底楼一办公室窗被砸碎，室内有被翻动的痕迹，放在办公桌上的计算机显示器也已经不见。此时，小林正确的做法是搜寻抓获盗窃嫌疑人。（　）

59. 某日下午，一名持刀男子在砍杀了某家两口人之后，又来到某小学附近马路上大刀阔斧地伤害路人。此时正值小学放学，大部分学生已经离开学校，一部分学生走在男子砍人的路上，男子持菜刀砍伤多人，其中有成人和学生。马路上气氛异常紧张，小学保安员发现险情后，向附近最危险的现场施救。（　）

60. 上午7点半，某小学门口聚集的学生等待开门，这时候一歹徒持刀冲进人群杀人，现场极其惨烈，施暴歹徒刺杀数名学生后意犹未尽，朝人群更多的地方追赶，意欲继续行凶。此时，学校保安员老吴发现惨情，立即使用工具逼近歹徒击打刺压。（　）

二、单项选择题（选择一个正确的答案，将相应字母填入题内的括号中）

1. 中小学、幼儿园门卫保安员通过站岗、检查、观察等措施，发挥着校园安全第一道防线的作用，下列关于保安员作用的说法不正确的是（　）。

A. 威慑作用　B. 拒绝作用　C. 发现作用　D. 追捕作用

2. 早晨开校门的时间已到，保安员张某、李某有许多事情要完成，他们首先应当做的是（　）。

A. 立刻去校长办公室送快递、报纸

B. 门卫室内办公桌杂乱需要整理

C. 按护校要求到大门口站岗

D. 手机来电需要接听

3. 上学、放学期间，校门打开后，保安员甲某的站岗位置被学校老师评价为正确，乙某的站岗位置没有得到肯定，保安员甲的位置是（　　）。

A. 中心线外两侧　　B. 中心线内侧

C. 中心线　　D. 门卫室门口

4. 某保安员在校门口站岗时，有如下四种表现，错误的做法是（　　）。

A. 面带笑容，迎送师生

B. 时常转头观察校门周边情况

C. 保安员去搀扶跌倒在地上的小朋友

D. 礼貌回应熟悉家长的打招呼并与其聊天

5. 开启校门后，两位保安员可以有不同分工，完成不同任务，下列做法不恰当的是（　　）。

A. 保安员站立在校门外侧，负责疏导人流，维持交通秩序

B. 保安员应站在门卫室内，发现有陌生人进入，立即上前询问

C. 保安员可以站立在校门区域，协助清扫地面

D. 保安员站立在校门中心线，保障学生有序进校

6. 保安员在校门站岗时，目不转睛地观察进出校门口的学生，督察人员认为该保安员观察区域及对象不全面。观察区域应当是（　　）范围内的安全情况。

A. 校门内 10 米　B. 校门口　C. 校门外 10 米　D. 校门内外 50 米

7. 学生上学、放学阶段，校门开启，保安员站岗护校，（　　）不是执勤护校的任务。

A. 帮助他人　　B. 近防案（事）件发生

C. 远视发现异常现象　　D. 防止陌生人员混进学校

8. 早晨打开校门迎接学生，有保安员、老师、警察同时在场守卫，如果发生突发事件，应当挺身而出的第一责任人是（　　）。

A. 校长、老师　　B. 保安员、警察

C. 校长　　D. 保安员

9. 有几位家长提前 30 分钟到校门口，在阳光照射下等待孩子放学，他们要求学

校保安员给予照顾，保安员正确的做法是（　　）。

A. 根据制度规定准时开门　　B. 让家长进入门卫室等待

C. 和家长在门口聊天等待　　D. 让家长到学校内长廊上休息

10. 某小学地处社区之内，某日学校开展学生春游活动，15：30 有 9 辆大客车回到学校，此时校门口已经有大量的学生家长等着接孩子，保安员接到通知后，应提前做好准备工作，正确做法是（　　）。

A. 开启大门，耐心等待大客车到达

B. 保安员守在校门内侧，学生到校时立刻开门

C. 确保校门口通畅

D. 提供车辆停放空间，设置人车分流隔离带，确保学生能尽快安全进校

11. 某中学校门沿街开设，还有 20 分钟学生外出活动的 16 辆大客车就要回来，大客车停在校门口，此时校门口已经有大量的学生家长等着接孩子，保安员首先应提前做好的准备工作是（　　）。

A. 开启大门，耐心等待大客车到达

B. 开启边门，方便学生进出

C. 疏导校门口拥堵的人员

D. 提供车辆停放空间

12. 某小学校门口，下午放学的时候，机动车、非机动车乱停现象一直比较严重，为疏导交通，保安员的正确做法是（　　）。

A. 没能力管，任其停放，避免争吵

B. 刺破轮胎或上锁

C. 劝其驶离，如无效，拨打 110 报警或采用其他方法

D. 要求交警部门悬挂禁止停车标志

13. 中小学、幼儿园实行安全封闭式管理，保安员在校门管理上正确的做法是（　　）。

A. 大门紧闭、小门上锁　　B. 大门紧闭、小门常开

C. 大门留缝、小门上锁　　D. 大门紧闭、小门虚掩

14.（　　）可以在学生上课期间，不需要经过询问、查验等手续，便能自由进出学校。

A. 教师　　B. 家长

C. 陌生的教育局人员　　D. 学生

15. 有一位中年男子自称是某教师的朋友，现在来校看望老朋友，保安员在执勤时绝对不允许（　　）。

A. 打电话联系某老师　　B. 直接放行

C. 因某老师在上课请访客稍等　　D. 请来人做访客登记，然后与老师核实

16. 教育局近日在某校举行教学研讨活动，一位参加会议的人不知道该学校的具体地址，遂打电话到学校门卫室咨询。保安员不妥当的回答是（　　）。

A. 告诉从某路进小区大门

B. 详细告知行走路线、步行时间

C. 欢迎到校指导

D. 告知上网搜索或者打电话到校长室联系

17. 校园门卫室保安员接待来访人员，正确的操作流程是（　　）。

A. 联系确认、隔门询问、访客登记、开门放行

B. 开门询问、访客登记、联系确认、开门放行

C. 隔门询问、联系确认、访客登记、开门放行

D. 访客登记、隔门询问、联系确认、开门放行

18. 一位学生家长来给孩子送药，学校保安员问清情况后正确的做法是（　　）。

A. 通知班主任或保健老师

B. 直接放进去

C. 请家长中午休息时间来校联系

D. 自己去找学生

19. 保安员对进出校门的施工人员，应要求其出示（　　）。

A. 工程队工作证或出入证　　B. 身份证

C. 出入证或者居住证　　D. 临时居住证

20. 经校方同意施工队临时增加一名施工作业人员，该作业人员在进场时未带有效证件，此时保安员的处理办法是（　　）。

A. 电话联系施工队负责人，确认无误后准许进入

B. 履行访客登记后准许入校

C. 要求该施工人员回去取身份证，凭身份证件准许进入

D. 经校方与施工队同意，办理相关手续

21. 暑假期间学校教学楼大修，大修人员首次进入校园或者携带物品离开校园时，保安员应当（　　）。

A. 清点进场人员数量、检查携带物品，离场时应查验携带工具物品

B. 要严格控制进场的大修人员，离场时不得携带任何物品

C. 根据名单核对有效证件，登记所携带物品（工具），离场时对携带物品（工具）进行查验

D. 应查验人员名单，离场时查验携带工具

22. 有住宿生的学校每逢新学年开学，学生会收到大量快递，保安员面对大量快递比较合适的做法是（　　）。

A. 堆在门卫室让学生自己来取

B. 分门别类堆放并通知领取

C. 让快递员直接送去宿舍

D. 让快递员直接送到团委办公室

23. 某日上午，学校组织活动，所有老师均外出参加，投递人员送来一份快递和一份信函，保安员应当根据信件物品重要程度，选择正确的做法应该是（　　）。

A. 一般信件代为签收；贵重物件代为保管

B. 一般信件不代为签收；贵重物品代为保管

C. 因收件人不在校，一律不予签收

D. 一般信件代为签收，贵重物品不予代为保管

24. 学校因教学或装修需要，使用易燃、易爆材料，以下关于危险物品管理说法正确的是（　　）。

A. 经校领导同意后办理手续进校，并由使用部门专人负责管理

B. 经施工负责人同意后办理手续进校，并由保安员专门负责管理

C. 经教学部门负责人同意后办理手续进校，并由保安员负责管理

D. 经保安员登记后办理手续进校，并由施工队派专人负责管理

25. 某中学一位学生家长称已经与班主任联系，上午第二节课后带孩子去医院看牙齿，此时保安员不合适的做法是（　　）。

A. 凭班主任当日签发的出门条，方可准予放行

B. 让家长自己去教室门口等

C. 与班主任核实并由班主任陪同学生至门卫室

D. 根据学校的规定办理

26. 某日中午，一中学生称下午上课的课本没带，要求回家拿，保安员应该（　　）。

A. 凭后勤部门负责人签发的出门条，方可准予放行

B. 学生进入学校后一律不允许出学校

C. 确认出门单经班主任和学校职能部门签字

D. 严格执行本学校的有关制度规定

27. 某校放假期间开展课桌椅和计算机、投影仪等多媒体教具置换工作，这些物品出校时，保安员应当（　　）。

A. 记录物品数量名称后放行，开学后将记录交给总务后勤老师

B. 记录物品数量名称、车辆牌照号，开学后交由总务后勤老师

C. 查验出门凭证签发日期，核对无误，予以放行

D. 根据出门凭证核对无误，记录车辆牌照和驾驶证信息，予以放行

28. 夜幕降临时，某非住宿制中学保安员必须做的几项工作是（　　）。

A. 劝离滞留学生、开启通道照明、开启周界设防、全面巡检

B. 开启周界设防、开启通道照明，台账记录

C. 大门上锁、检查监控照明、全面巡检

D. 劝离滞留学生、大门上锁、全面巡检

29. 门卫室受委托保管学校部分常用钥匙。某日傍晚时分，一名老师进办公室拿资料，从门卫室借用了办公室钥匙，此时，保安员的正确操作方法是（　　）。

A. 该老师进入自己办公室，不需要办理手续

B. 老师在专用记录簿签写姓名、事由、借出归还时间

C. 填写进出学校物品点验记录本，借用人签字

D. 在保安勤务记录本上注明借用人员和有关时间

30. 保安员发现监控设备不能正常使用，正确的做法是（　　）。

A. 设备表现异常，不写情况记录

B. 自己及时动手修理

C. 及时向学校有关部门报告

D. 填写记录簿，将上一页内容抄一遍

31. 某中学上课期间，保安员小张在楼面巡逻，门卫室消防控制柜上的声光显示报警，门卫保安员小王根据报警显示地址代码，正确处理的方法是（　　）。

A. 电话通知总务办公室，告知具体位置，请老师到场查看

B. 确认具体位置，立即到场查看处置

C. 进行消音复位处理，检查是否误报

D. 确认具体位置，通知保安员小张到场查看处置

32. 幼儿园保安文明服务应当根据服务对象是幼儿的特点，做到态度温和、语言亲切，但不可采取（　　）做法。

A. 和家长打招呼

B. 拍幼儿的脸、身体或抱幼儿

C. 保持微笑

D. 对孩子的问候礼貌应答

33. 六一儿童节当天，幼儿园正在举行庆祝活动，一记者来到幼儿园要求采访园长，保安员的做法正确的是（　　）。

A. 学校正在举行大型活动，谢绝一切来访，婉言拒绝

B. 请记者在中午学校休息时间，再来采访

C. 联系园长，经园长允许后开门登记，方可放行

D. 查看证件，联系园长，经园长允许登记放行

34. 世博会期间的一天上午，某学校学生进校期间，保安员小李正在校门口执勤，有记者来学校欲采访保安员小李，了解学校的保卫工作措施，保安员小李正确的做法是（　　）。

A. 告知本人不接待采访，请与学校安全干部联系

B. 示意正在护校执勤，不予接待，等护校结束后联系学校安全干部

C. 就地主动接受记者现场采访

D. 确认记者身份后，主动介绍本校好的做法

35. （　　）不应当放在值班室的桌面上。

A. 香烟　　B. 电动门钥匙　　C. 巡逻手电筒　　D. 访客登记表

36. 上午上课时段，保安员发现一名男子在教学大楼二楼走廊来回走动，保安员处理的方法是（　　）。

A. 在执勤簿上记录异常情况　　B. 报告学校有关部门

C. 向男子询问在二楼活动目的　　D. 立即请男子离开教学大楼

37. 保安员发现一名不明身份的男子在教学大楼游荡，保安员上前询问的首问语句是（　　）。

A. “你找哪位？”　　B. “你有事吗？”

C. “你怎么到教学楼来？”　　D. “你有什么事需要我帮助？”

38. 保安员许某在夜间巡逻中发现一陌生人从教师办公室出来，手中拎着一个装

有物品的布袋，涉嫌盗窃，保安员最恰当的做法是（　　）。

A. 喝令陌生人接受检查　　B. 报告跟踪

C. 报警或报告　　D. 保护现场

39. 保安员晚上巡逻发现教学楼拐角灯不亮，学生晚自习走路有危险，绝不可以（　　）。

A. 第二天向后勤部门报修　　B. 马上报电工修理

C. 在现场站岗提醒学生注意安全　　D. 马上报告有关责任老师

40. 保安员进行消防硬件设备设施检查，发现灭火器已过有效期，正确操作的方法是（　　）。

A. 及时向学校有关部门反映　　B. 刚过有效期能继续使用

C. 习以为常、视而不见　　D. 记录在案

41. 保安员在操场巡逻中发现有两个学生手持利器在玩危险游戏，保安员正确的做法是（　　）。

A. 用对讲机向校方反映

B. 上前劝说学生停止危险游戏

C. 巡逻结束向保安员队长报告

D. 询问学生班级后向班主任反映

42. 保安员在课间巡查时，发现近一阶段在楼道、楼梯口、操场学生奔跑打闹情况增多，有几个班级学生攀爬上窗台，在单双杠上做有危险动作的人增多，保安员最有效的做法是（　　）。

A. 立即制止，告知危险，劝导增强安全意识

B. 立即制止，将学生驱离操场或危险区域

C. 告知班主任老师和学生家长，加强安全教育

D. 向学校报告，采取安全措施

43. 夜间巡逻到计算机房、办公室、财务室等重点区域时，保安员小李不恰当的方法是（　　）。

A. 悄悄迅速走过重点区域　　B. 应当停、听、看、闻、摸

C. 检查门窗是否锁闭　　D. 应当实施警戒

44. 保安员对校园进行夜间巡逻，（　　）不是保安员的工作任务。

A. 巡逻至学校重要部位时，强化检查

B. 外围巡逻检查围墙、电子围栏等设施是否正常

C. 检查应急灯工作状态，保持主要通道照明的开启

D. 督促滞留教师尽快离开学校

45. 放学后，保安员在清校巡逻检查中的不恰当做法是（　　）。

A. 检查厕所天台、地下室　　B. 按照规定线路走

C. 检查绿化茂密地带　　D. 检查设备机房、垃圾房

46. 有些学校夜间有私车、校车停放在校内，保安员在巡逻中应检查车辆安全停放的情况，错误的做法是（　　）。

A. 发现车窗开启的私车内有一台计算机，不能代为保管计算机

B. 透过车窗察看车内是否有人

C. 喊几下，试看有否异常动静

D. 耳听车辆内是否有异常声音

47. 学校在暑假期间有施工任务，其中拆除栏杆需要明火作业，此类施工现场，保安员应当（　　）。

A. 及时向后勤负责人汇报，督促施工加强管理

B. 加强对施工现场的消防巡逻

C. 保安员准备灭火器材，并在现场设置警戒区

D. 核对动火单、明火操作证和作业人员身份证件

48. 某学校学生上体育课要去马路对面的操场，保安员特别需要做的事情是（　　）。

A. 保安员负责校门的开关　　B. 示意过往车辆注意避让

C. 督促老师负责学生行路安全　　D. 拉警戒绳请过往车辆全部停下来

49. 保安员在书写巡逻执勤记录时应该保持记录的完整清晰，书写间隔的时间（　　）。

A. 不应超过2小时　　B. 不应超过4小时

C. 不应超过6小时　　D. 不应超过8小时

50.（　　）不属于校园意外事故的表现。

A. 因为挤压、践踏而伤害　　B. 滑、摔、坠落的伤害

C. 学生在校外被伤害　　D. 学生运动、玩耍不当的安全事故

51. 保安员发现某学生家长与老师在办公室争论，家长言词粗暴、态度凶恶，保安员正确的做法是（　　）。

A. 家长争论行为虽过激，保安员不要越权管理

B. 守候在门口谨防纠纷转化为殴打

C. 立即到办公室劝阻家长

D. 报告学校领导

52. 上课期间，一位学生家长与老师在学校某教室门口发生争执，教室内学生看着双方争论，保安员老徐巡逻发现这一情况，正确处理的方法是（　　）。

A. 家校纠纷不是保安员管理的事情

B. 在附近守候预防家长有暴力行为

C. 立即上前制止并要求家长当即离开教室

D. 立即报告领导并协助领导处理

53. 一位家长对某老师教育其儿子的方法十分反感，第二天到学校去教训老师，争论中打了老师一记耳光后扬长而去。保安员巡逻至现场并目睹打人过程，保安员不恰当的处理方法是（　　）。

A. 阻拦家长离校　　　　B. 报告校方请示处理措施

C. 报告校方并请示是否报警　　　　D. 请示被殴打老师处理方法

54. 初中女生小李在厕所滑倒并骨折，她母亲陈女士与校长多次交涉医疗费用没有结果，一日下午陈女士再次来校要求见校长，趁保安员小张不注意闯入学校，小张急忙追赶并拉住陈女士，告知没有征得校长同意不能进校，拉扯间陈女士摔倒在地，声称保安员打人。本事件中，保安员小张恰当的处理方法是（　　）。

A. 保安员不要打开小门让陈女士进入学校

B. 应当直接告知学校领导不在，拒绝找校长谈事

C. 陈女士私闯校园找领导，必须动手阻拦

D. 已进校园就请陈女士履行登记手续并报告校长

55. 保安员发现几个学生殴打某学生，某学生鼻子流血，保安员不恰当的处理方法是（　　）。

A. 立即制止并问清行为人及受害人所属班级

B. 迅速制止并当场教育放行

C. 送卫生室医治并报告学校职能部门

D. 立即通知或送交有关老师处理

56. 某中学保安员小戴上午在校园内巡查，突然听到一声沉闷的巨响，他循声跑去，只见教学楼旁一女生躺在血泊之中，人有微动，附近操场上正在上体育课的学生看到此情景非常惊慌，现场有点混乱。此时小戴第一时间应该（　　）。

A. 拨打 110 报警电话　　　　　　　B. 拨打 120 医疗急救电话

C. 配合体育老师疏散操场上的学生　　D. 报告校领导

57. 某中学课间操时间，几乎所有的同学都在操场上。就在这时，一名高二女生从教学北楼四层窗口跳下，现场惨不忍睹，学生身首断裂当场死亡，保安员履行职责不恰当的方法是（　　）。

A. 现场访问调查死因，为警方提供线索

B. 用警戒带、绳子等设置隔离区

C. 听从校方调配，配合校方工作

D. 保护尸体、物证，用适当的材料将尸体盖好

58. 周日 23：00 左右忽然下起了大雨，某小学保安员小林担心门窗被大风吹开，出门开始巡查，走到教学楼时，发现底楼一办公室窗被砸碎，室内有被翻动的痕迹，放在办公桌上的计算机显示器也已经不见。此时，小林正确的做法是（　　）。

A. 清点物品损失情况　　　　　　　B. 拨打电话报告校方

C. 拨打 110 报警　　　　　　　　D. 搜寻抓获盗窃嫌疑人

59. 某日下午一名持刀男子在砍杀了某家两口人之后，又来到某小学附近马路上大刀阔斧地伤害路人，此时正值小学放学，大部分学生已经离开学校，一部分学生走在男子砍人的路上，男子持菜刀砍伤多人，其中有成人和学生。马路上气氛异常紧张，小学发现险情后，保安员不当的处理方法是（　　）。

A. 发生在社会面上的案件不在职责范围之内，不动

B. 招呼惊慌失措的学生进校

C. 报告校方请求增援力量

D. 向附近最危险的现场施救

60. 上午 7 点半，某小学门口聚集的学生等待开门，这时候一歹徒持刀冲进人群杀人，现场极其惨烈，施暴歹徒刺杀数名学生后意犹未尽，朝人群更多的地方追赶，意欲继续行凶。此时，学校保安员老吴发现惨情，他不当的处理方法是（　　）。

A. 冲上去严正斥责歹徒

B. 使用工具立即逼近歹徒击打刺压

C. 引导学生避难，如躲到自己身后

D. 在门卫室观察歹徒体貌特征

本章测试题答案

一、判断题

1. √ 2. × 3. × 4. √ 5. √ 6. × 7. × 8. ×
9. × 10. × 11. × 12. √ 13. × 14. × 15. × 16. √
17. × 18. × 19. × 20. × 21. × 22. × 23. √ 24. ×
25. × 26. × 27. × 28. √ 29. × 30. × 31. × 32. ×
33. √ 34. × 35. × 36. × 37. × 38. × 39. × 40. ×
41. × 42. × 43. √ 44. √ 45. × 46. √ 47. √ 48. ×
49. × 50. × 51. × 52. √ 53. × 54. √ 55. × 56. ×
57. √ 58. × 59. √ 60. √

二、单项选择题

1. D 2. C 3. A 4. D 5. C 6. D 7. A 8. B
9. A 10. C 11. D 12. C 13. A 14. A 15. B 16. B
17. C 18. A 19. A 20. D 21. C 22. B 23. D 24. A
25. B 26. D 27. D 28. A 29. B 30. C 31. D 32. B
33. D 34. A 35. A 36. C 37. D 38. B 39. A 40. A
41. B 42. D 43. A 44. D 45. B 46. A 47. D 48. B
49. A 50. C 51. B 52. C 53. D 54. D 55. B 56. B
57. A 58. C 59. A 60. D

第2章 治安重点单位保卫基础知识和基本技能

2.1 观察发现和辨认

2.2 识别

2.3 查问

2.4 现场保护

治安重点单位保卫基本技能是指保安员依据法律和规章，运用各种技能手段，观察发现、识别、查问、查验和确认可疑对象，查找、追击、擒获、扭送犯罪嫌疑人的专门技能和方法。保安员的行动一般具有潜在的危险性，嫌疑人总是躲避逃窜，甚至会不择手段地袭击、伤害阻拦者。基本技能是保安员应对实战需要的一门重要应用性科目。

2.1 观察发现和辨认

保安员在执行安保过程中，一项重要的技能就是通过观察人、事、物的各种外部现象，从中发现和捕获各种细微的反常迹象，通过积极的思考来审视判断这些反常现象。

2.1.1 观察发现的一般方法

保安员的大部分活动是发现形迹可疑的人、事、物。观察对象的多变性和复杂性，要求保安员必须充分掌握正确的观察方法，采用恰当的观察技巧，克服社会环境中的不利条件，以达到观察的目的。因此，保安员在掌握观察理念的基础上，选择正确的观察发现方法，就显得十分重要。保安员应根据观察对象的规律和特点，采取有针对性的观察发现方法，准确抓住瞬间即逝的反常现象和情况，并迅速作出分析判断，为下一步采取的行动提供准确依据。发现疑点大体有以下六种方法：

1. 瞬间识别法

瞬间识别法是指保安员在最短的时间内，用眼睛捕获识别对象的特征，并看清周围的一切，快速分析判断，立即作出决定并调动身体做出有效反应的一种方法。

瞬间识别法是视觉能力、记忆能力和快速反应能力这三种能力的综合。

保安员在通常情况下，对巡逻区域内可能发生的违法犯罪情况并不知晓，只能运用敏锐的观察力和丰富的社会生活实践经验，结合违法犯罪人员的活动规律，注意从繁杂的社会群体行为中发现个别反常迹象，从而识别、发现、揭露、抓住伺机违法犯罪、正在违法犯罪或犯罪后逃匿的人员。这是保安员巡逻的重要目的之一，也是完成巡逻、查问、查验任务的关键性问题。

2. 全方位观察法

全方位观察法是指保安员在执勤过程中，对自己视听所及的范围进行全面的观察，要求保安员尽可能地发挥五官的能动性，调动各个器官，做到“眼观六路、耳听八方”，不放过一丝疑点，把整个巡逻面都纳入自己的观察范围，避免遗漏疑点。但由于全方位观察法要求全面观察，平均用力，分散精力，使得感官始终处于高度紧张的状态，容易疲劳，有时反而会降低观察效果。

3. 重点观察法

重点观察法是指保安员在巡逻过程中，根据掌握的犯罪信息资料、犯罪活动规律和上级要求等情况，专门对一种或几种可疑情况进行重点观察。具体来说，有以下四种情况：

（1）带案观察法。保安员根据通报的案情或通缉的犯罪嫌疑人，在巡逻中特别加以观察和寻找。如从电台中得知刚发生一起盗窃黑色皇冠车案件，保安员应立即对街上行驶的黑色皇冠车特别加以注意。

（2）时段观察法。巡逻时，保安员应依据违法犯罪的时间规律进行重点观察。如某地的违法犯罪时间规律为冬季盗窃、抢劫案件居多，夏季耍流氓、打架、伤害案件居多，因此，在上述时间内，保安员就要对上述几种案件所表现出来的可疑情况进行重点观察。又如，某地凌晨2—5时为案件高发时间段，在这个时段，就要求保安员增大观察强度。

（3）地点观察法。保安员应对某些违法犯罪的常发地点进行重点观察。

（4）定位观察法。保安员在巡逻时，应有明确的分工，有各自的责任区域或者责任目标，这就是所谓的定位观察法。通过定位观察落实岗位责任制，强化定岗、定人、定查的方法，以避免出现顾此失彼的现象。

重点观察法强调保安员明确观察对象，做到有的放矢。较之于过分求稳的全方位观察法而言，重点观察法则是以巧取胜，增强保安员主动发掘可疑的意识。但过分强调重点观察法，也会导致忽略对其他方面的观察，造成某些疑迹的失控。巡逻实践中，应将重点观察与全方位观察有机地结合起来，灵活运用，互相补充。

4. 专注观察法

专注观察法不同于以上方法，上述均是为了发现最初的疑点而运用的。但有些初现的疑点是模糊的、不确定的，并且难以判断。所以，为进一步掌握疑点的确切性，需要运用专注观察法。这种方法比较专一，具体落实到一个人或集中到一个点。如有人深夜在要害部门闲逛，保安员认为有可疑的迹象，但不能确定此人要干什么，就采取跟踪蹲守等方法进一步观察，弄清此人的最终目的。通过专注观察法，可以进一步扩大疑点的明朗度，决定是否有进行查问的必要。如有查问的必要，即可根据对象的特点，迅速设计查问的策略、步骤和技巧，有准备地开展查问。

5. 浏览观察法

所谓浏览观察法，就是将观察范围内的人、事、物普遍地、粗略地环视一遍，通过浏览使自己对环视范围的人、事、物有个初步的认识或大致的了解，为下一步定向观察打下基础。浏览要有明确的目的，即大致了解范围内的人、事、物，将注意力集中在搜索寻找反常线索上。浏览观察的保安员要在广泛浏览的基础上，根据查问任务的需要及时准确地发现目标。否则，在瞬间就有可能因为观察者的经验、注意力的影响，造成嫌疑人员的伪装、脱逃或隐藏。因此，在实施观察时，保安员必须环顾四周，兼顾远近，了解概况，抓住要点，及时发现不同方向、不同方位潜在的嫌疑人员。

在巡逻时，要加强对非盘问对象及危险情况的观察。特别是在复杂公共场所、夜间光线暗淡等视野窄小，以及嫌疑人员多且又不完全确定的情况下，就可以更大范围地监视外部环境，防止犯罪嫌疑人从背后或侧翼偷袭，造成我方人员伤亡或犯罪嫌疑人逃脱。

6. 定向观察法

定向观察法是指在获得比较确切的治安信息或熟悉通缉、协查通报的基础上所进行的目标明确的观察。特别是犯罪嫌疑人或通缉、协查的犯罪嫌疑人已进入保安员工作的区域时，保安员就应将注意力重点放在搜寻犯罪嫌疑人上，加强寻找与犯罪嫌疑人体貌特征相似的人员。同时，还要加强对着装特点、语言情况、携带物品以及犯罪嫌疑人身上的各种特征标志的观察，以减少观察的局限性，提高工作的准确性。

正确实施定向观察，有助于认定犯罪嫌疑人，有助于提供侦查线索和缩小工作范围。

2.1.2 观察发现的途径

1. 心理观察

（1）由于心理活动的作用，人们的身体动作、面部表情或语音语调都能表示出一种无法用技巧来掩饰的定势。

（2）犯罪人进行犯罪，通常有一个从预谋到实施的过程。

（3）在预备犯罪时，犯罪人会发生心理上的冲突。当冒险、侥幸心理占主导地位时，犯罪的目的、动机开始确立。

（4）当案犯确立犯罪行为目的、形成犯罪行为动机以后，为了使自己顺利达到目的而又不被惩罚，就需要决定行动的手段或途径，包括作案方式的选择、对象的物色、工具的准备、作案时间与路线的选择，以及作案后如何销赃灭迹或潜逃。在准备过程中，犯罪人会通过对现场的观察和凭借经验进行假设、推理、预测，来选择既不被发现，又能达到目的的最好的实施方法。

（5）尽管案犯对犯罪行动进行了准备，但犯罪行为实施的危险性和应受到的惩罚性，使得案犯在实施犯罪时具有强烈的恐惧心理。在这种情况下，案犯的情绪紧张、慌乱，容易出现破绽。这是一种神经运动过程，从心理和行为上讲是一种自动化的行为活动方式，即习惯、技能、技巧等活动的神经机制，也是难以抗拒的心理现象。由此可见，无论犯罪嫌疑人多么老练，也会因危险的到来而心情紧张、激动，暴露出蛛丝马迹。

（6）案犯的心理变化具体表现在面部表情和眼神上。案犯在活动中也总是要避开保安员，当被保安员注意时，就会表现出胆怯、躲避，显得十分紧张、局促或无所适从。

（7）心理观察的要领是注意嫌疑人的眼睛，通过眼睛窥测出嫌疑人的心理状态，并视情况作出相应的判断。保安员也可以通过嫌疑人身体携带的物品、藏匿的物品等，作出相应的判断。

2. 行为观察

（1）行为观察是指保安员对嫌疑人的行为动作进行观察的活动。人体的各种机能，通过条件反射在大脑皮层有关中枢之间形成暂时的联系，再经过一定次数的反复巩固和强化，就能达到自动化的程度。当神经活动定型中的某一环节起作用时，相关的环节立即自动重复出现。

（2）人可以在意识的支配下进行伪装，但这种控制和支配是有限的，只能在意识所及的范围内推动着伪装的实施，反常的表现仍会不自主地流露，特别反映在姿态、手势、面部表情和目光的交流中。

（3）保安员要掌握各种犯罪活动的特点和手法，并注意从嫌疑人的正常行为中找出异常的动作。一旦准确地把握这一判断标准，结合成功的经验，就不难识别出嫌疑人的动作变化。

（4）保安员在评估嫌疑人的行为表征时，还应注意那些紧随其后的，特别是目光交流时出现的动作变化及这种行为的反应方式。

2.1.3 观察发现目标的能力

保安员巡逻时，观察效果的优劣往往受到主客观两方面因素的制约。

1. 观察对象的情况复杂多变，保安员必须注意将观察到的人、事和物，与科学的分析判断结合起来，善于抓住观察对象的内在实质。

2. 保安员观察的对象是社会中不断处于动态之中的人及人的行为，因此，保安员应注意克服用静止、孤立的观察方法进行观察的倾向，而应以动态发展的眼光、运动的眼光和辨证换位的眼光去观察。

3. 违法犯罪是在运动的状态下进行的，变化无常，观察的时机稍纵即逝。因此，保安员观察时，必须善于捕捉可疑人瞬间出现的反常现象。要求迅速准确，在比较短的时间内掌握更多的信息，特别是要以最快的速度抓住观察对象的主要特征，以利于评估判断情况，果断决策。

4. 注意事后的整理和总结。保安员在巡逻结束后，应把观察到的情况进行记录并整理，写出书面总结；并把有价值的情报线索主动提供给当地派出所，也为以后的观察工作奠定基础。

2.1.4 观察可疑对象的技巧

1. 对身份可疑者的观察

（1）身份证与本人不相符或持假身份证。

（2）与身份证相貌、年龄、籍贯、口音等有明显差别或不相符。

（3）一个人持几个身份证或几种工作证。

（4）行为与其所处的时间、空间不符，装束不合时令且神色慌张的人，一经发现，便应进行查问。

2. 对行为可疑者的观察

行为可疑者是指有从事违法犯罪活动的嫌疑，其行为举止违背规律，违反正常人的行为模式，且又符合或相似于一些违法犯罪活动特征的行为人。如：

（1）神态异常，行为慌张，在人群中挤来挤去。

（2）在居民区、商场、仓库、银行等地方张望窥视，鬼鬼祟祟，久久不愿离去。

（3）不断地接近妇女、儿童，并与之同行，看到保安员后，躲躲闪闪，表情惊慌，疾步走开。

3. 对体貌与面部表情可疑者的观察

（1）已知犯罪嫌疑人或具有与通缉、通报对象相似的体貌特征，且年龄相一致，口音相符合，衣着和随身所携带的物品相似。

（2）面带惊恐之状或疲劳困倦之意。

（3）戴黑色眼镜或大口罩，整容或化妆奇特，有意改变原面貌，企图蒙混过关。

4. 对携带可疑物品者的观察

（1）携带疑似作案工具。

（2）携带现金数额巨大。

（3）携带疑似毒品、枪支、凶器等违禁物品。

（4）在夜间携带数量较多、体积较大、包装无规则的包裹。

（5）身背、肩扛，或用自行车、手推车、三轮车装运，且遮遮掩掩，怕碰撞、怕触摸，躲躲闪闪，神情慌张。

5. 对带有明显犯罪迹象者的观察

（1）身负枪伤或可疑外伤，浑身血迹或污痕。

（2）衣服被撕扯或破损严重。

（3）推着行走的自行车、摩托车，车锁有明显撬痕。

（4）驾驶的汽车挡风玻璃被砸破，车锁有明显撬痕。

6. 对其他可疑者的观察

（1）关系可疑者，即与相处在同一空间的人的关系和行踪异常。

（2）男女同行时年龄不相符，表情异常。

（3）女人精神异常，或男的主动、女的害怕，纠缠不清的。

（4）上身西装革履，下身却肥裤、球鞋，打扮不伦不类的。

（5）衣着破旧，却携带高档手提箱，明显不协调的。

（6）衣着整洁，却在树丛、杂草等黑暗角落藏身。

(7) 在尚未竣工的楼房、涵洞、工棚等处落脚、躲藏或昏睡的。

上述行为多为违反常规的异常现象，这些无声的信息是暴露违法犯罪嫌疑人心理状态的镜子。

总而言之，各种违法犯罪嫌疑人的个性特征及表现具有一定的规律性，保安员通过察言观色、评估判断，就可以较准确地锁定犯罪嫌疑人。认真摸索、观察、分析、判断、积累违法犯罪嫌疑人的活动规律，能为更好地完成巡逻任务打下良好的基础。

2.1.5 辨认

1. 辨认的作用

辨认是保安员的一项基本功，是指在巡逻时，将识记过的通缉、协查对象的体貌形态特征，与相似或近似的通缉、协查对象进行比较鉴别，以识别和确定犯罪嫌疑人的一种巡查方法。

由于犯罪活动的复杂性和向智能化发展的趋势，在犯罪现场能够当场捕获的案犯往往只是少数，而大量案件中的犯罪嫌疑人则要通过公安部门各种侦察措施和手段才能查获。

保安员利用犯罪嫌疑人的体貌特征，为发现、辨别、确认、缉捕犯罪嫌疑人提供依据，为警察破案提供线索。同时，保安员在维护管辖区的社会秩序方面具有重要的作用。保安员对协查对象的体貌特征掌握准确，就能有效地做好发现、辨认工作；反之，就有可能遗漏犯罪嫌疑人，而贻误时机或影响工作。

2. 辨认的准备

辨认是通过识记和储存的有关对象的信息，在需要时或在特定的环境中，再现原先识记的内容，并与对象进行比较、辨别、认定的活动。

(1) 感知觉辨认对象。辨认对象的微身体形态直接作用于人的感觉器官，不仅产生感觉，而且还会产生知觉，即人脑中产生对该客体形态的反映或体貌形态之间简单的关系反映，在知识经验的参与下，经过人脑的加工，对客体有一个整体的认识。

(2) 记忆辨认对象。记忆是通过识记、保持、再认定等方式在人脑中的反映。识记是记忆的开端，是反复认识某一客体对象，在头脑中留下痕迹，形成暂时神经联系的过程。保持是记忆过程的中心，没有保持，就没有记忆，辨别和认定就缺乏可信度。再认定是对过去感知过的对象，再接触时会有熟悉感，知道是知觉过的对象。熟记客体对象的体貌特征，才能在执行职务时辨得清、认得准，提高工作效率。

辨别和认定需要经过长期刻意的训练才能形成一种职业能力，保安员应当在最短的时间里辨别和认定所有辨别对象，这是能及时发现和辨别出有关人员的关键。

3. 辨认的能力

（1）全面掌握体貌特征的一般知识。体貌特征是人体形态的标志，是一个人的身体形态特点不同于他人的具体表现。研究体貌特征，就是要反映人体的轮廓与类型，人体的动、静姿态和与畸形、病变有关的体位变化。这是实施辨别、认定的基本条件。

（2）注意控制体貌特征的特定形式。人体受地域差别、生活习惯差别、工作劳动环境差别及其他差别的影响，往往会在人体形态上表现出习惯性特征。人的体貌特征一般分为静态特征、动态特征和特别特征。由于这三种特征的部位、形状、大小不同，相互之间组合不同，使人的体貌形态在一定程度上可能出现相似，但整体是不会相同的。对人体的外在表现形式挖掘得深，就可以为辨别和确认奠定坚实的基础。

（3）整体把握体貌特征的差异形态。人的生长发育阶段、性别特征、年龄特征、发展顺序、变化都是相对稳定的。虽然人们可能会进行伪装，但这种控制和支配是有限的，只能在意识所及的范围内进行伪装，而人的定型化的姿态和行为会不自主地流露，特别是男女性别上的伪装，一般只能在化妆或服饰上下功夫，从男女形体上加以伪装比较困难。因此，保安员在巡逻时，要根据已掌握的信息和已发现的嫌疑人作整体性的辨别和确认，切不可被假象所蒙蔽。

2.1.6 夜间观察与潜听的方法

1. 夜间观察的方法

（1）保安员用肉眼由高处向低处观察，不易发现目标；由低处向高处透空观察，容易发现目标。

（2）位于灯火附近，背向光亮看得远，面向光亮看得近；光亮前面的目标看得清，光亮后面的目标看不清。

（3）位于暗处向亮处观察看得远，反之看得近。保安员位于亮处易被查缉对象发现，而不易发现查缉对象。

（4）小物体、模糊的物体不易被发现；大物体、明亮的物体易被发现。

（5）在白色地面上物体易被发现；在暗色地面上或者阴影里的物体难被发现。

（6）移动的物体易被发现；静止的物体难被发现。

（7）夜间强光突然刺激眼睛，容易出现暂时的失明现象；由亮处到暗处，观察适应时间较长。

（8）无伪装的人员和物体易被发现，有伪装的人员和物体难被发现。

（9）昏暗的夜间，白色、浅色的物体易被发现，黑色、深色的物体不易被发现，白色、灰色的物体难分辨。

（10）利用夜视器材观察，黑夜比月夜看得清，暗夜比明夜看得清，天色越黑暗，越看得清。透空和无伪装人员易被发现；低凹或拐角处，有伪装者难被发现。反光物、浅色物易被发现；深色物不易被发现。

（11）利用夜视器材观察物体，颜色与背景不一致易被发现，颜色没有反差的不易被发现。

（12）利用夜视器材观察物体，温度差别越大越易被发现，物体处于运动状态也易被发现。

2．夜间潜听的方法

（1）室外潜听的技巧

1）静夜、深夜、拂晓、四周寂静时，声音听得远；有噪声时，声音听得近；响声听得清，雨声、风声听不清。

2）对上风的声音听得远，对下风的声音听得近。

3）在冰雪、坚硬地上行动的声音听得远，在薄雪、松软地上行动的声音听得近。

4）对高处的声音听得远，对低洼处的声音听得近。

5）车辆声响听得远、听得清，脚步声响听不清。

6）空旷无遮蔽物的地形声音听得远，有复杂遮蔽物的地形声音听得近。

7）下雨天，位于树下、房屋近旁听得清，在激流近旁听不清。

8）冬季草木枯凋，声音听得远；夏（春）季草木茂盛，虫声嘈杂，声音听得近。

（2）夜间观察与潜听位置的选择及要求

1）夜间选择观察与潜听的位置，应根据查缉对象活动情况、地形、气候、时间、现场环境、任务而定。其位置应选择在低、暗、静处，便于隐蔽身体，进行透空观察和伪装，要尽量避开独立明显、透空的物体，避开声音嘈杂的地点。

2）熟悉地形与目标位置，主要熟悉方位物、地形、对象情况及其所处位置，判明对象可能逃跑的方向和可能利用的地形。

3）严密伪装应尽量利用地形，实施伪装。

4）检查通信器材。对对讲机、夜视器材等进行检查，以保障通信畅通、夜间视物清晰等。

5）特别要注意对建筑的暗影处、死角处、转弯处、墙根，以及凹地、树后、树上、建筑材料堆放处、建筑物突出的高平处、草丛和灌木丛较多的隐蔽黑暗之处进行检查。

6）用光源进行照射，同时将身体隐蔽，尽可能确定对方身份。若对方答话并站立等待，可上前保持一定距离进行盘问，没发现疑点后放其通行，发现疑点可带回审查。若对方不答话，反而拼命逃跑，应紧追不舍，在没有弄清对方身份之前，先做好自我保护。

7）如果缉捕目标逃无踪影，搜索又无结果，不可单人贸然行动，可撤回并对缉捕目标逃跑的路线沿途或处所进行搜查，看是否有重要线索和罪证，然后再采取下一步行动。

2.2 识别

2.2.1 识别概述

识别是指保安员在执行安保业务活动过程中，运用自己敏锐的观察能力、丰富的社会经验和相关专业知识，结合违法犯罪人员活动的规律特点，以感知的外部事物特征为依据，对违法可疑人员的形态、行为、动作、衣着、方言和证件等进行判别的过程。

1. 保安员应注意观察下列差异

（1）行为和时间的差异。人的社会生活往往有一定的规律，通常情况下是白天社会活动频繁，晚间相对安静，一般不会做出反常、怪异的事情。所以，如果有人夜晚在银行、仓储、住宅和机关单位徘徊观望；或蒙面闯入居民楼，深夜搬家，携带大背包；或白天到居民区乱推住户房门等，就要引起保安员的注意，因为这些行为均有嫌疑。

（2）行为和身份的差异。由于所处的环境、接触的文化层次、社会职业地位和人际交往方面的异同，人们在穿戴、谈吐、职业习惯、处事等方面有很大差异。有些人往往冒充各种职业和身份进行犯罪活动或逃避打击。保安员通过巡逻观察、分析，可以看出这些人身上的可疑点。

（3）行为和周围环境的差异。在一般环境下，犯罪嫌疑人的心理、动机及所表现出的与人接触时的态度、表情都与普通人有不同。普通人心态平和，情绪正常，行为自然；犯罪嫌疑人则神态怪异，精神紧张，行为拘束，不放松，眼睛惊恐不安。

2. 保安员应注意下列特征的人

（1）遇到保安员，有意掩盖或改变本来体貌特征。

（2）遇到保安员，神色慌张，故意避开保安员视线。

（3）在人群中东张西望、神色慌张。

（4）像是在寻找丢失物品。

（5）脸色饥黄，消瘦乏力。

（6）穿着打扮不合时宜，行色特别。

（7）身体上有新鲜外伤、刀伤、不明血迹或衣服撕破。

（8）行为诡秘，动作反常，单独溜达，匆匆忙忙进出人群。

（9）长途旅行不带或少带行李。

（10）穿着与其佩戴的物品不相称。如佩戴的项链、手表等外露物品与其穿着不符。

（11）携带的物品与其身份不相符。如男性携带女性的拎包、背包，或随身携带有插片、螺丝刀等可疑物品。

（12）驾驶的交通工具与其身份不符或车上有明显的拉断、撬压等痕迹。

2.2.2 谈话中识别可疑人的方法

1. 交谈识别

（1）保安员盘问时，对方音质发生变化。

（2）对方对问题的回答前后不一致。

（3）在问话的同时，要仔细观察对方的眼睛，如眼神飘忽不定，故意逃避保安员，则说明其有可能在说谎，以此追究到底，可能有重大突破。

（4）怀疑对方说谎但又问不出关键问题的，可先缓和气氛，然后突然发问，在对方没有心理准备的情况下，容易获取线索。

（5）谈话吞吞吐吐的，可抓住疑点，使其不能逃避问题。

（6）谈话时突然下意识地捂住嘴的，可继续追问。

2. 方言识别

巡逻保安员通过对识别对象的问话，可以从对方谈话中使用的方言判断其大致生活或居住的地区，从而发现、确定犯罪嫌疑人。

（1）华北、东北方言：我国北方方言分布地域广，使用人口占汉族人口总数的半数以上，主要分为四个方言地区。华北、东北方言分布在北京、天津两市和河北、河南、山东及东北三省、内蒙古的部分地区。

（2）西北方言：主要分布在山西、陕西、甘肃及青海、宁夏、新疆、内蒙古的部分地区。

（3）西南方言：主要分布在四川、云南、贵州等省及湖北的大部分地区。

（4）江淮方言：主要分布在安徽、江苏两省长江以北地区，以及镇江以西、九江以东的长江南岸沿江地区。

（5）吴方言：主要分布在上海市、江苏省长江以南镇江以东地区以及南通的小部分地区、浙江省的大部分地区。典型的吴方言以苏州话为代表。

（6）湘方言：主要分布在湖南省的大部分地区，以长沙话为代表。

（7）赣方言：主要分布在江西省的大部分地区，以南昌话为代表。

（8）客家方言：以广东梅县话为代表，分布在广东、福建、台湾、江西、广西、湖南、四川等省，以广东东部和北部、福建西部、江西南部、广西东南部为主。

（9）闽方言：分布区域跨越四省，包括福建省的大部分地区、广东东部潮汕地区、海南和雷州半岛的部分地区、浙江南部温州地区的部分区域、台湾省大多数汉人居住区。

（10）粤方言：以广州话为代表，当地人称之为“白话”，分布在广东中部、西南部和广西的东部、南部等约一百多个县。

2.2.3 对面带疲惫困倦、惊恐失常人员的识别

1. 对面带疲惫、困倦人员的识别

（1）由于采用夜间作案、白天潜逃的方式长途流窜，加之连续作案；或遭到围追堵截而抵制反抗逃离现场，嫌疑人体力消耗过大。

（2）嫌疑人精神始终处于高度紧张状态，彻夜不眠，眼睛充血发红，出现困倦、疲惫不堪的表情。

（3）保安员要对在车站、码头等公共场所，躲在角落里席地而卧、打盹睡觉的人进行重点查问。因为这些人与正常出差、旅行观光、探亲访友的旅客有明显的差别。

2. 对面带惊恐失常人员的识别

（1）由于犯罪使其在心理上形成巨大的压力，嫌疑人经常处于怕暴露被捕获而遭受打击的紧张不安的状态之中，恐惧、心虚不安、惊恐万状的心态往往难以抑制。

（2）惊恐的心理活动，会反映在犯罪嫌疑人畏罪逃匿过程中的动作行为、神态表情上，做出反常表现。犯罪嫌疑人一般不具有正常人外出办事时神态自然、轻松愉快、

有说有笑的表情。特别是那些流窜外逃或刚刚逃离现场的案犯，紧张、恐惧的心理更加突出。

（3）犯罪嫌疑人有表情木然紧张、眼神飘忽不定、东张西望、行动鬼祟、避人耳目的行为举止表现。

（4）犯罪嫌疑人对周围环境和人员特别警觉，极为敏感多疑。同行嫌疑人之间多表现为窃窃私语，利用眼神、手势、暗语传递信息等。

2.2.4 体貌特征识别技巧

1. 行为举止的识别

（1）“迎合反应”。遇到保安员主动打招呼、套近乎、递香烟，过分热情。

（2）对保安员的现场查问行动特别“关注”，多方打探消息，仿佛案件与其有利害关系。

（3）看到保安员时，急于避开保安员视线或有故意回避行为。

（4）行色异常，动作僵硬（腰腿不灵活）。

（5）接受盘问时，手臂、腿发抖，额头出汗，脸色发白或泛红。

（6）在人行道上来回游荡、东张西望。

（7）长时间蹲在路边，无行李物品。

（8）无明显残疾但走路不正常，则可能身上携带违禁物品。

（9）长时间尾随单身女子，则可能是强奸、抢劫或扒窃的嫌疑人。

（10）目光呆滞，反应迟钝，突然吞食异物，则可能是有服毒自杀倾向的人员。

2. 身份可疑人的识别

身份可疑人一般均持有不符身份的证明，从其所持证件与其他有关情况的相互对照中，其真实身份不明，值得怀疑。

（1）令其出示有关身份证明，适当查问，认真分析其自述的真伪，可反复发问使其露出马脚。

（2）对籍贯、文化程度、职业等基本信息，可以通过直接交谈的方式与其自报的身份加以对照核实，揭露其伪装的身份。

（3）持有证件与本人自报身份不符。

（4）一人持有几种内容、身份矛盾的证件。

（5）言谈、举止、穿着、口音等与其本人自报的文化程度、职业、籍贯、出生地、户口所在地等不相符。

（6）持有或使用伪造、涂改、作废证件或冒用他人证件。

（7）盗用、伪造大机关的证件、介绍信。

（8）假冒港商、台商、军官、专家、教授、高干等身份。

（9）持有较高头衔的烫金名片，以总经理、董事长的身份活动。

3．头部的识别

（1）头部特征识别。头部特征识别是巡逻保安员根据各地公安机关发出的《通缉令》或《协查通报》中描述的犯罪嫌疑人的相貌特征，从头部特征和体态特征入手，对案犯进行辨认和识别的活动。人的头面部形态是进行个人识别的关键。人的头部形体大小与年龄和身高有密切的关联。

（2）头部动作。头部动作也是运用较多的身体语言，而且头部动作十分细腻，需根据头部动作的程度，结合具体的条件来对头部动作信息进行判断。

1）摇头动作。在我国，摇头一般表示拒绝、否定的意思。在一些特定背景条件下，轻微的摇头还有沉思的含义和不可以、不行的暗示。

2）点头动作。点头可以表示多种含义，有赞成、肯定、理解、承认，还表示事先约定好的特定暗号等。在某些场合，点头还表示礼貌、问候，是一种优雅的社交动作语言。

4．五官特征的识别

每个人五官的大小、位置、距离都不太一样，这就形成了颜面部的不同形态特征。一般采用“三庭五眼”（见图2—1）为标准比例，去观察人的颜面五官位置的距离。

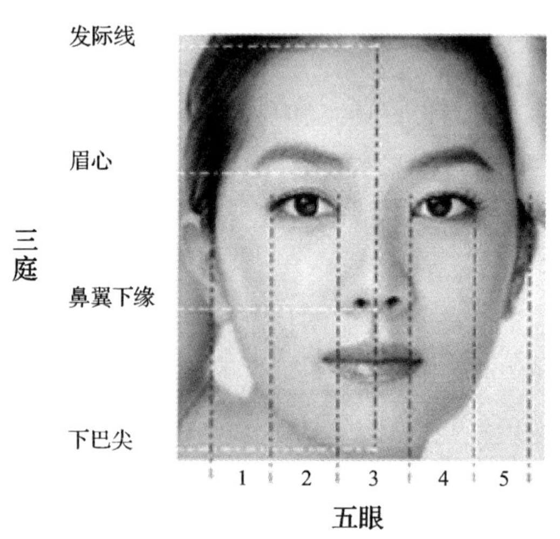

图2—1 “三庭五眼”示意图

（1）“三庭”是指发际线至眉心线、眉心线至鼻翼下缘线、鼻翼下缘线至下巴尖的距离相等。

（2）“五眼”是指从正面观察人的颜面部，两侧外耳孔至同侧眼角的长度与眼长及两眼间的距离相等。

5．发际线与前额的识别

（1）发际线指前额头发生长线的形状。每个人的发际线虽大体相似，但也各有特点，一般分为弧形、直线形和曲折形。

（2）发际线至眉间距的部位称为前额。前额的大小、宽窄、高低和倾斜度因人而异，形成了人的额部形状特点。

6．眉毛的识别

人的眉毛各有特点，而且男女之间有很大的差别。

（1）一般男性眉毛较为浓密，女性的眉毛较为淡细。

（2）从正面观察，眉毛的形态有直线形、弓形、波浪形和弯折形等。

（3）按眉头到眉尾的距离，可分为长形眉、中等眉和短形眉。

（4）按眉毛的上下缘距，可分为高眉、中等眉和低眉。

（5）按眉和眼裂的水平关系，可分为平行、内倾斜和外倾斜。

（6）眉毛上扬或一只眉毛微微往上一挑，表示询问和怀疑，也表示心情兴奋。

7．眼睛的识别

（1）一般成年男性的上眼眶比较突出，女性和儿童比较平缓。

（2）眼睑一般分为单眼睑、双眼睑和多眼睑皱褶。

（3）在皮下组织的制约下，眼裂的开启呈现出圆形、三角形、菱形、方形、椭圆形和线形等不同的形状。

（4）根据眼内角与眼外角的位置高低，一般可分为眼角上斜、眼角水平和眼角下斜三类。

（5）眼球为一玻璃体，置于眼眶内。眼球在外形上，可分为突出形和凹陷形。

（6）眼睛张大表示惊疑、欣喜或恐惧。

8．鼻子的识别

（1）鼻子的构造。鼻子是由鼻形基础、软骨和软组织组成。鼻形特点一般从鼻根、鼻梁、鼻翼、鼻孔等方面去观察。

（2）鼻根高度。鼻根高度指鼻根在两眼内角连线上的垂直高度，一般分为低鼻根、中等鼻根和高鼻根三类。

（3）鼻梁长度。鼻梁长度是指鼻根至鼻底的长度距离，一般分为长鼻、中等鼻和短鼻三类。

（4）鼻梁高度。鼻梁高度一般分为凹形、直线形、凸形和凹曲形。

（5）鼻翼宽度。根据两翼间距，鼻翼宽度一般分为窄小形、中间形和宽大形。

（6）鼻尖。从正面看，鼻尖可分为尖小形、中间形和圆钝形。从侧面看，鼻尖可分为上翘形、水平形和下垂形。

（7）鼻子的“表情”。虽然鼻子很少有“表情”，但盘问时，若对方轻轻触摸鼻子，可能是说谎的表现。一般愤怒时，鼻孔会张大，感情表达得更为强烈。

9．牙齿特征的识别

牙齿位于口腔之内，在人生长发育过程中，遗传、病变、营养不良、口腔不良习惯以及其他因素，均可导致牙齿排列不齐、牙弓异常、颌骨变异以及牙颌与颅面关系的不协调。

10．嘴的识别

（1）嘴的构造。嘴是由上下唇和口角组成。

（2）唇高是指从鼻底至上唇缘的距离，可分为高唇、中等唇和低唇三类。

（3）唇厚是指从唇上下缘的厚度，一般可分为厚唇、中等唇和薄唇三类。

（4）从两口角的长距，一般分为长唇、中等唇和短唇三类。

（5）从两口角的水平关系，一般分为上翘唇、水平唇和下垂唇三类。

（6）从侧面观察上唇皮肤部位置，可分为凸唇、平唇和缩唇三类。

（7）嘴的“表情”。嘴的“表情”是通过口形变化来体现的，鄙视时嘴巴一撇，生气时嘴角紧抿，惊愕时张口结舌，忍耐时紧咬下唇，微笑时嘴角上翘，而气急时嘴唇发抖、发紫等。

11．耳朵的识别

（1）耳的全形称为耳廓，每个人的耳廓都有一定的特征。

（2）耳形一般可分为三角形、椭圆形、长方形和圆形。

（3）耳屏形状可分为尖形、圆形和分叉形。

（4）耳垂形状可分为三角形、方形和圆形。

12．脸部的表情识别

科学家早就发现人类脸部会透露出“微表情”，而当事人自己没有感觉。在各种“微表情”之中，“说谎”的表情特别容易被辨识，人的脸上不只“藏不住秘密”，更藏不住“谎言”。人们通过表情把内心感受表达给对方，在人们不同的表情里，脸部会

“泄露”出内心的信息。

人类主要拥有七种表情，每种表情都表达不同的意思。

（1）高兴。人们高兴时的面部动作包括：嘴角翘起，面颊上抬起皱，眼睑收缩，眼睛尾部会形成“鱼尾纹”。

（2）伤心。伤心的面部表情包括：眯眼，眉毛收紧，嘴角下拉，下巴抬起或收紧。

（3）害怕。害怕时，嘴巴和眼睛张开，眉毛上扬，鼻孔张大。

（4）愤怒。眉毛下垂，前额紧皱，眼睑和嘴唇紧张。

（5）厌恶。厌恶的表情包括：嗤鼻，上嘴唇上抬，眉毛下垂，眯眼。

（6）惊讶。惊讶时，下颚下垂，嘴唇和嘴巴放松，眼睛张大，眼睑和眉毛微抬。

（7）轻蔑。轻蔑的显著特征就是嘴角一侧抬起，作讥笑或得意笑状。

面部的变化，如笑、皱眉、发怒等，能迅速地提供很多的信息，由此保安员能很明显地了解人们当时的心情、意图。

保安员要和各种各样的人打交道，面对非常复杂的人群，要求保安员练就一双慧眼，能够准确地读懂他人的内心，从一闪而过的表情信号里发现有价值的信息，从而作出准确的判断。

2.2.5 体态特征识别

1．体形特征

体形是指人体的外形特征与体格类型，因性别而有差异，随年龄增长而变化。根据人体外表的线条轮廓及其尺寸比例进行分类，人的体形分为瘦长形、中间形、强壮形和肥胖形。

（1）H形。筒形，一般称为“水桶形”，多为中青年胖男人。

（2）I形。杆形，一般称为“电线杆形”，多为中青年男女。

（3）Y形。健美形，在肌肉发达的青年男女、运动员中较多见。

（4）S形。身材苗条、窈窕的女性。

（5）D形。老年臃肿、身材偏胖的男性。

（6）B形。中老年偏胖女性。

肥胖主要分为“苹果形”肥胖和“梨形”肥胖两种类型。“苹果形”肥胖主要是指腹部肥胖，而“梨形”肥胖主要指臀部肥胖。

2．身体易藏部位

在以上体形的人中，“I”形、“S”形人身上易藏东西的部位多，应作为重点检查对象。研究体形的目的是为了了解身体易藏部位。

（1）腋下、裆部、腿内外侧、腰部、妇女胸部是易藏部位，但如果衣服很紧（如健美裤、三点式、牛仔裤、超短裙或紧腰带等），就无法隐藏。特别是夏天，人们衣着单薄、裸露，检查起来很容易。保安员要做到看一眼就能判断人体体形特征，分析出嫌疑人可能隐藏违禁品的部位，结合其衣着，有重点、有针对性地检查，避免机械地使用一个模式检查，既烦琐又少有成效。

（2）戴帽者一般北方较多，南方较少。棒球帽、有孔凉帽不易藏物品，而冬季戴的防寒帽则可以隐藏物品。

（3）拖鞋、凉鞋不易藏物品，旅游鞋、高跟皮鞋、马靴等容易隐藏物品。

3．体姿

人体形态特征主要是指人体的体形、体姿、站立等特征。正面观察体姿，可分为肩宽形、中间形和臀宽形；侧面观察体姿，可分为背突形、中间形和腹突形。

4．身高

一般来说，人的身高分为身高型（男 1.80 米、女 1.75 米以上）、中间型和低矮型（男 1.60 米、女 1.50 米以下）三类。

5．手部

手部发颤是内心不安、吃惊的表现，主要观察因遗传、工作环境、生活条件、疾病等原因造成的多指、并指、断指、缺指等特征。

6．上肢

上肢自然下垂，肘关节伸直，前臂旋后位时，上臂与前臂的外侧交角称为提携角。正常提携角角度为 170°，女性略小。小于此角度称为“肘外翻”，大于此角度称为“肘内翻”。

7．下肢

下肢的观察主要是观察站立姿势和特殊体位时的下肢特征。从脚部姿势观察，人在正常站立时，两膝两脚皆能靠拢。由于遗传、环境、疾病等原因，一些人在站立时，脚部呈现出不同的姿势，主要表现为膝内翻、膝外翻和膝反张。

2.2.6 对生理缺陷、病变特征和特殊标记的识别

1．生理缺陷、病变特征的识别

人体在生长发育过程中，由于某些生理上的发育缺陷，或疾病作用，或治疗的结果，身体外观上会留下特殊的永久性病理改变。这些特征性的缺陷和病变，可以作为

个人识别的重要依据。常见的生理缺陷和病理改变包括：

(1) 跛脚，O 形或 X 形腿。

(2) 多指（趾）、断指（趾）。

(3) 驼背、歪颈、兔唇、麻脸、秃顶。

(4) 疤痕、疣、瘤等。

2. 个人特殊标记的识别

人体的皮肤表面有时会出现因色素沉着形成的斑、痣等，可以作为个人识别的重要依据。

(1) 雀斑、红斑痣、老年斑，斑的范围较大，形状不规则。

(2) 黑痣，痣一般呈圆点状，突出或不突出皮肤表面，有的长有长毛。

(3) 胎记，大小形状不一。

(4) 文身，是用针或其他锐器在皮肤上刺成的图案或文字。文身多刺在手臂、手背、大腿、前胸和后背等处，具有较明显的独特性和职业习惯性，经色素沉着后可终身保持。

2.2.7 对伪装精神病人员的识别

1. 不符合任何一种精神病的规律特征。没有前驱症状而突然发“病”，中止也很突然。根据场景需要，症状“应运而生”，当某种目的达到时，伪装消失。

2. 伪装症。观察其是否思路混乱，装聋卖傻，见到人傻笑。暗中观察，其会表现出正常人的特征。

3. 表演症。注意观察有无表演的痕迹。模仿此症病人，易受外界环境影响，常依次出现，逐日更换症状，哪种症状最像精神病便表演哪种，使别人相信其的确患有精神疾病，一段时期后，才逐渐固定于某一症状。

4. 模拟症。模拟精神分裂症患者，随地躺卧，做出各种奇怪的行为。如：在一段时间内表现得躁动不安，做出毁物、殴打人、自伤、随地便溺、胡乱涂抹大便等行为，对于污秽恶臭毫不在乎；满嘴唾液也不吐出；有选择性地遗忘犯罪前后的经历或与犯罪行为相关的事件，但对其他经历却不遗忘，装聋作哑，表演出一系列幼稚行为，模拟痴呆的种种表现等。

5. 拒绝症。拒绝饮食，滴水不进，但不能长久坚持，常有偷食情况。在别人注意或人多的场合表现得特别明显，在无人看到时则没有异常表现。

6. 木僵症。坚持不语，终日默不作声，对一切提问均不回答，漠然置之。

7．违拗症。模仿此症病人，令其向东，其却向西；让其张口，其却伸脖子；让其伸脚，其却举起双手等。

8．敏感症。对周围环境敏感，极力注意环境动静，情感反应灵敏。周围人员的一举一动都对其有影响，伪装者的心理特征决定了其不可能不关心周围环境变化，意志性掩盖难以完全实现。

9．伪装精神病者对各项精神检查常持对抗态度，有的拒绝检查和治疗，不愿住院。一旦被识破伪装，便会动怒，骂人、打人等。

2.2.8 对伪造证明的识别

当前，社会上各种伪造的假证明很多，伪造手法各种各样，常见的有以下几种：

1．褪色证明

褪色证明就是将写好的盖有公章的文件、证明，经过部分或全部褪色处理后，填写上伪造人需要的内容。其特点是：纸张表面的蜡质层被破坏，纸面无光泽，有的还留有水迹；被改动或重新填写的字笔画无力，有的原字迹未褪尽，仍有部分笔画残留等。这类证明在光线斜视或透视下，不难发现漏洞。

2．涂改证明

涂改证明就是将过期、失效或他人的证明，经过涂改变为己用的证明，其手法主要有改字、添字、减字、拼字、改名换姓、改换日期、改变内容等。识别方法是：由于改动、增添、减少、拼接的字体、字位与原字体、字位不协调，书写笔迹不同，往往出现许多破绽，甚至反常现象。

3．剪裁证明

剪裁证明的方法是：剪裁一张证明的一部分与另一张证明的一部分贴在一起或将证明的一部分剪裁掉补上一块白纸，在白纸上填入需要的内容。这类证明的特点是：证明带有被剪裁、拼接的痕迹；写字部分与盖章的部位不正常；对光照射可发现证明中的粘贴重叠线。

2.2.9 对伪造公章的识别

1．伪刻公章

一般可从以下几方面识别：

（1）看圆圈线及公章大小。中央到地方各级党政机关、人民团体、企事业单位及部队的公章大小规格、圆圈线的粗细、中心图案都有明确规定。保安员应熟悉这些规定，以便对照识别。

（2）看字体。公章用字大多数为长方形古家体或仿宋体，正楷极少，无黑体字。如果发现异常字体、无笔锋、无刀锋、字体过大或过小、与公章大小不相称等疑点时，应予重点审查。

（3）看间距。间距即字与字、字与中心图案的排列距离。如发现字与字之间稀密不均匀，字与圆圈线距离过窄或过宽，中心图案摆布过高或过低等情况，应注意重点审查。

（4）看笔画。由于技术不熟，伪刻公章往往出现笔画不直不匀、过长过短，与字体不相称或无笔锋等情况。

（5）看图案。主要看图徽、五星两边的横线是否清楚，位置、笔画粗细是否可信。

2. 针刺假公章

这种伪造公章一般是真公章脱刺下来的，其大小、字的排列与真公章相仿，粗看不易识别。但细看就可发现圆圈、图案、字的笔画都由稀密不均的细小点组成，边沿往往不整齐，没有笔锋和刀锋。针刺过密，蜡纸被刺破的地方，印出的印章出现颜色深浅不等的现象。

3. 钢板倒制的假公章

多用真公章脱画或用毛笔写好底样，再用钢板、铁笔将蜡纸划下来。这种假公章与真公章相仿。但细看可发现其有比较整齐的由点状色组成的划线，笔画粗细不一，边沿不整齐，蜡纸刺破的地方，印泥有时成堆。

4. 手描假公章

手描假公章是用毛笔蘸印泥描画的假公章。其特点是颜色均匀鲜艳，类似套色印刷公章。但由于出自手工描画，字体排列不整齐，字间距离不一致，字的大小不一致，字体走样严重，无笔锋、刀锋，类似毛笔正楷字。仔细查看，可发现笔画重复、颜色不一致等现象。

2.3 查问

查问是保安员在观察、发现、辨认、识别、确认可疑对象的基础上进行的一项审查活动。查问是进入实质性阶段的开始，是初步审查的过程。假使在一开始就发现实质性疑点，如对象的自行车被撬过，对象的体貌或汽车与通缉、通报的对象或被盗的汽车有相似的地方，可马上进行查问。如果尚未达到上述程度，则通过起问，掌握实质性疑点后，进入查问阶段。

2.3.1 查问的原则

保安员查问应当遵循以下原则：

1. 从重考虑原则

查问时，保安员要确保群众及自身的安全，应从重考虑嫌疑人的反抗趋势、反抗能力、反抗手段，增强防卫意识，做好防范准备，确保人民群众及保安员的安全。

2. 合法的原则

保安员要有“三种”巡逻理念，要树立法治观念和人权保障理念。

（1）法治观念。每次查问前，保安员首先要考虑自己的行为是否合法和合乎有关规定。

（2）人权保障观念。强化权利和保护意识，尊重人格尊严。

（3）应按查问的程序进行。查问是巡逻保安员与可疑人员面对面打交道的过程。保安员不要干涉或侵犯可疑人员的合法权益，不要有任何违反法纪的行为。

3. 合理的原则

应使对象对进行查问的根据感到合乎情理，得到其理解，并有礼在先，不失礼节。对没有发现问题的对象，及时放行，做到善始善终。对尚未肯定有违法犯罪行为者，应有所节制，留有余地，避免发生误会，防止矛盾激化和纠纷。

4. 怀疑的原则

在查问中，怀疑是发现问题的动力。对客观存在的差异和矛盾来说，需通过怀疑入门，揭示事件真相。有疑点，就要抓住不放，仔细查问。

5. 距离的原则

保安员查问时，始终都要与可疑人员保持安全距离，即1.5～2米的安全距离，还要选择对自己有利的位置，后背应该是安全的。地点不要选在偏僻、黑暗或“四不靠”的地方，应选在有依托、离人或单位近的地方。

6. 两防的原则

保安员既要积极查问，又要慎重查验；既要防漏，又要防止错查验。

2.3.2 查问时机的选择

保安员恰当地选择查问时机，正确地选择盘查地点，采取灵活、有效的接近方式和方法，是保证查问任务顺利、有效、安全进行的重要因素和条件，也是保安员必须学会和掌握的。

保安员在执勤过程中，遇有违法犯罪嫌疑、需要进行查问时，首先应该根据犯罪嫌疑人当时的具体情况和环境等因素，确定接近查问对象的时机，选择有利的查问地点，研究确定接近查问对象的方式方法，力争主动，力避被动，做到有理、有利、恰到好处，使查问能够按照预定的程序、方法和步骤顺利地进行，以避免造成不必要的被动和损失。

1. 查问时机的选择

时机选择是否恰当，直接关系到查问的效果。选择时机应掌握好“火候”，出击过早，会因未抓住违法犯罪事实而功亏一篑；出击太晚，又会造成证据转移或可疑人员逃窜。选择查问出击时机，在对待一些时机稍纵即逝的违法犯罪行为时，显得尤为重要。

（1）相机决断。什么时候发现可疑情况，这是不以保安员的主观想法而改变的。一旦发现可疑目标，选择适当时机对可疑人员进行查问，全凭保安员自己相机决断。

（2）把握地点。保安员在巡逻过程中，遇有违法犯罪嫌疑需要进行查问的人，应选择适当的地点，使查问能按照预定的程序和步骤进行。这既有利于查问工作的顺利开展，也有利于保安员自身安全的防卫。

（3）欲擒故纵。保安员查问时既要考虑是否安全，又要考虑避免使公共利益和被害人权益遭受实际损害，也要考虑违法犯罪活动是否已经充分暴露。必要时，还可以根据现场环境和违法犯罪动向，巧妙运用欲擒故纵的策略，有意识放松一下，纵其继续活动，待其露出马脚再出击。

（4）灵活机动。选择查问时机要灵活机动。查问时机的选择，没有固定的模式。保安员只能根据可疑情况的自身特点及具体情况，如人数、性质、周围环境、地形特点等相关因素灵活确定，加以分析比较，找到最有利的时机出击查问，做到不迟不早、恰到好处。早了容易打草惊蛇，犯罪活动没有充分暴露，不能获得足够的犯罪证据；迟了可能使犯罪嫌疑人跑掉，或形成严重犯罪事实，给人民生命和财产等造成重大损失。因此，选择查问时机，必须因事而异，因情而异，相机出击。当然，这种分析判断应建立在较丰富的工作经验之上，这是恰当选择时机的重要保障。

2. 查问的要求

一般情况下，选择查问应把握以下四个原则：

(1) 当犯罪嫌疑人的违法犯罪活动已经充分暴露，已无必要继续拖延时，应进行查问。

(2) 有迹象表明犯罪嫌疑人是在焦急等待同伙人来接应，或准备逃跑时，应进行查问。犯罪嫌疑人如惊弓之鸟，东张西望时，应进行查问。

(3) 查问应赶在犯罪嫌疑人重大犯罪活动形成事实之前，避免使公共利益和人民的生命、权益受到实际重大损害。如行凶杀人、投毒、放火、爆炸、破坏等。

(4) 违法犯罪活动是否已充分暴露，是否获得犯罪嫌疑人的犯罪证据，是查问时需考量的因素。在没有获得违法犯罪证据时，可以根据现场环境情况，运用欲擒故纵等策略和手段控制。

2.3.3 查问地点的选择

1. 宜宽不宜窄

狭窄处查问回旋余地小、危险性大。宽敞地带视野开阔，便于查控。查问地点应选择在视野比较开阔的地方，便于观察周围情况及变化，防止其同伙袭击或接应。选择查问地点时，要尽量避开丛林地、高苗地和居民区，这些地方便于嫌疑人逃跑和藏匿，不便控制违法犯罪人员。同时，还应选择便于控制嫌疑人的地方，一旦其逃跑，便于观察、跟踪追踪和缉捕。

2. 宜明不宜暗

不宜在黑暗处工作。应尽量选择在光线条件较好的明亮地点，这样便于盘问和检查，同时还能够看清嫌疑人的形态、面部表情变化及各种反常情况，防止其行凶或逃跑，以便灵活地处置各种情况。

3. 宜直不宜弯

宜选择有依托的地点，这样便于观察，便于应付和处置各种意外情况。不宜在拐弯、四下无靠、四面无援的地点查问。

4. 宜静不宜闹

尽量避开人群，缩小影响，防止事态扩大。查问地点，应尽量选择较安静处，闹市区可能因群众围观、起哄而影响查问，而且容易发生意外情况，造成不良影响和后果。

根据上述原则，查问地点应由保安员主动选择。只要条件允许，保安员发现可疑情况后，周围环境不宜进行查问的，可尾随一段，待处于较为适宜的地点时再行出击查问。但如出现时机恰当、地点不太理想时，应以把握时机为主、选择地点为辅的原则先行出击，再将可疑人员带至适当地点查问，甚至可以将一些重大嫌疑对象带离，移交治安室或附近公安岗亭、派出所进行查问。

2.3.4 接近嫌疑人的方法

接近嫌疑人的方法多种多样，究竟采用何种方法更恰当、更适宜，必须根据可疑情况的性质、嫌疑人的特点、周围环境、地形以及时间等相关因素来确定，采取有针对性的、灵活机动的有效接近方法，防止打草惊蛇，使犯罪嫌疑人逃跑、藏匿、毁灭罪证或行凶、自杀等。在日常工作中，保安员要学会和掌握根据可疑情况的具体特点来确定适宜而巧妙的接近方法。

1. 接近的方式

（1）正面接近。当犯罪嫌疑人人数较少、年龄较大、携物较多、行动不便，或尚未发现保安员、毫无逃跑等迹象时，可采取正面接近，迅速及时地接近犯罪嫌疑人，使其受到震撼、感到害怕，措手不及而束手就擒。

（2）背面接近。对比较有威胁性的可疑人，可迎面走过，然后回身接近。当嫌疑人迎面走来时，保安员最好不动声色，让其经过，以便有更多的时间去观察和计划，然后再转身拦住嫌疑人进行查问，这会令其感到意外，而使保安员稳占心理优势。

（3）迂回接近。当犯罪嫌疑人人数较多、年轻力壮、手中可能持有凶器、东张西望、有逃跑企图时，保安员可采取正面牵制、侧后迂回，左右两侧迂回包围的方法，秘密、隐蔽地接近，突然袭击，四面包围，防止漏网。

（4）伪装接近。当犯罪嫌疑人处在人群聚集的场所，如夹杂在闹市区人流中，或乘坐飞机、汽车、轮船等交通工具时，或在电影院、会场等场所，不便保安员采取公开行动时，为防止嫌疑人乘机作乱，或混杂在人流中潜逃，或穷凶极恶地挟持人质、杀害无辜等，保安员可穿便衣，伪装成普通群众，秘密接近，待时机成熟时，将其扭获。

2. 接近时注意的问题

（1）注意查清对方人数。若疑犯人数较多或危险程度较大时，应当暗中跟踪监视，并请求支援。

（2）发现重大犯罪嫌疑人和暴力性犯罪嫌疑人时，千万不要急于拦住，应先报告要求支援。

（3）判明所处的场所、位置、环境对查问是否有利。通常情况下，选择人少、合适的地方。

（4）接近时应保持高度警惕，随时随地注意自身安全。

（5）在任何时候都要保持有礼貌及坚定的态度接近查问对象。保安员有理由怀疑时，可以用合法权利去接近查问。而在法律面前，所有人都是平等的。所以，要以友善、不经意但迅速的态度进行一些简单问题的查问。

（6）公开身份。查问是保安员公开的执法活动，在查问开始前，首先必须依法公开自己的保安员身份，表明自己在依法执行公务。同时告知对方有义务配合保安员执行公务。表达时的用语要规范。

（7）实施查问、查验。实施查问时，应尽量让被查问对象背对开阔街面或群众，让其无法准确判断周围形势，不能利用现场条件而有所图谋。如两人共同实施查问，应一人实施查问，另一人负责监视。监视时，要重点观察被查问人的双手动作和眼神，防止其反击或逃窜；同时还应注意观察周围人群中是否有其同伙，防止其同伙的突然袭击。

2.3.5 截停

1. 截停时机的选择

（1）当确认逃犯或通缉犯嫌疑，应立即报告。

（2）正实施违法犯罪行为的，应先控制。

（3）隐蔽性违法犯罪的，应贴靠抓现行。

（4）被绑架的人求救时，在报告的同时应寻找时机，巧妙周旋，防止受害人受到威胁或伤害。

（5）遇到重大交通、火灾事故时，迅速报告有关部门，疏散现场群众、车辆，注意保护现场，待有关部门到达后，移交其处理。

2. 截停站位的选择

在截停犯罪嫌疑人时，快速准确地找到最有利的位置。

（1）斜侧位置。不要直接面对可疑人，不要走入其能够踢到的距离内。

（2）后侧位置。在可疑人的后侧截停，千万不可背向被截停的可疑人，或让可疑人和其双手离开保安员的视线范围。

（3）前侧位置。不要站在几个被截停对象的中间截停查问，这样容易腹背受敌。

3. 截停时的注意事项

（1）时刻警惕，不能掉以轻心。

（2）应当迅速、果断、出其不意地向对方发出截停口令。

（3）向对方出示证件表明自己的身份。

（4）提防对方的同伙袭击。

（5）随时注意对方双手的放置位置与动态。

2.3.6 起问

查问一般可以分为四个步骤，即起问、查问、查验、处理。在正式进入查问之前，应在最短的时间内，从策略和技巧上做好准备：判断对象的特点和可能的问题。从对象的特点出发，想好起问的方式和问题。想好防范措施，防止对象的猛然攻击、逃跑、掏武器、毁弃证物等行为的发生。

对没有实质性疑点者，都应有一个初步起问的过程，而不是直截了当地开始查问，直奔主题。起问的形式有两种：

1. 一般性询问

不涉及疑点的一些问话如“需要帮忙吗?”“从哪儿来?”“干什么去?”“干什么工作的?”“家住哪里?”“多大年龄?”等，这些问话的目的是判断对象是否说了假话，有无更多的疑点。如某人自称从甲地（工作单位）去乙地（家），而其却出现在必经路程之外的丙地。

2. 交谈式询问

以关心、友好的形式进行攀谈，寻找其言行的疑点。例如，同怀疑对象交谈其住地、单位附近有什么特点，看对象是否了解，或就对象自称的工作性质谈一些问题，看其是否熟悉此种工作等。因为人们习惯谈论自己熟悉的话题，即三句话不离本行，对不熟悉的话题，三句话以外就可能露出破绽。

通过起问，能解除怀疑的，就没有必要再查问；若不能排除怀疑的，通过一般性询问、交谈发现新的疑点，特别是发现具有实质性疑点时，即可进入查问阶段。

2.3.7 查问

1. 查问的“十看、十对”要诀

（1）看证件，对姓名。

（2）看面貌，对年龄。

（3）看举止，对职业。

（4）看原籍，对口音。

（5）看言行，对学历。

（6）看穿着，对身份。

（7）看物品，对来由。

（8）看同伴，对关系。

（9）看去向，对方位。

（10）看神情，对心态。

2. 查问的方法

查问的方法灵活多样，可采取下列方法：

（1）开口尊称。说明正在执行任务，请对方予以配合。查问应首先从了解对方身份、住址、职业等情况入手，从交谈中发现和澄清疑点，然后逐步过渡，查问其携带物品情况及感到可疑的行为、神情、事件、痕迹等情况，边发问，边查验。

（2）人包分离。查问时，若发现对方携有包、箱或其他物品，应让其将物品放下，离开一定距离，人、物分离之后，再实施查问。

（3）及时查问。询问可疑人是否了解自身携带物品，判定其是否违法犯罪。违法犯罪嫌疑对象往往来不及马上了解刚刚偷来的物品的内容、式样和性能。如保安员上前查问可疑人皮包内装着什么，可疑人支吾说不上来，因为这可能是其刚刚撬门入室偷出来的物品。

1）要令嫌疑人心理上失去平衡。任何人如果据实回答，是可以很快答出以上简单问题的；如果作假答案，到第三至四题时或突然发问一些回答过的问题时，其也许会开始口吃及做出紧张动作，如擦面、双手互握、冒汗及不敢看保安员等。这时就要问其为何说谎及有什么要隐藏。

2）要快速及连续谈话，不可间断问话。以上的问题只是其中的例子。查问与查验相互印证。

3）查问中，如发现回答前后矛盾、夹杂谎言、含糊其辞、有意答非所问、无法解释或闭口不予回答的情况，要进行仔细的追问。若反复追问后，仍不能查清疑点或越问疑点越多，应果断带回值班室继续查问。其用语为：“请拿着你的东西，跟我走一趟！请配合我们工作！”

4）查问中如发现查问对象确系文化程度低下，或因过度紧张不能清楚回答问题，或发生紧张性遗忘，或本身有聋、哑、弱智等表现，应及时调整查问语气，变换提问角度，缓解紧张气氛，逐步搞清情况。查问中疑点排除的，应及时致歉，发还证件，予以放行。

（4）引导自述。提出问题引导对方自述。尽可能使其多讲具体情节，有问题的人“言多必漏”。切忌保安员滔滔不绝，而可疑人沉默不语。

（5）揭露谎言。发现谎言，就可以攻破其防线。如询问可疑人“你来深圳是旅游吗?”对方答“是，这几天我在深圳和香港间飞来飞去”，显然这是在说谎，其对这一带地理位置不熟悉，因为深圳和香港近在咫尺。又如询问可疑人准备前往何处，对象回答拟搭乘6次列车离开北京，由于离京的列车都是单号，可见此人说的是假话。

（6）分开查问。凡遇见两人以上的可疑人时，要分开进行查问。保安员可以根据可疑人各自自述内容上的矛盾，扩大疑点，发现违法犯罪事实。

（7）先轻后重。对多人进行查问时，要选择较弱的为突破口。违法犯罪团伙中总是有主犯和从犯之别，也有罪行严重、拒不服法与罪行较轻之分。保安员查问多个可疑人时，必须判断谁是罪行较轻的从犯，并以此为突破口，分化瓦解违法犯罪团伙，使查问达到更好的效果。

（8）通信查证。要求可疑人提供证明，并及时通过通信手段与有关方面进行联系，辨别其真伪。

3. 重点查清的问题

（1）查清查问对象的身份。身份包括：姓名、年龄、地址和能确认身份的其他基本情况等。

（2）查清查问对象的携带物品。携带物品情况包括：物品种类、性质、数量、来源、用途等。

（3）查清同行人的关系。关系包括：夫妻、子女、同事、朋友等。

（4）查清可疑情况。可疑情况包括：可疑行为、事件、神情、痕迹、迹象等。

2.4 现场保护

2.4.1 现场保护概念

现场是指案件和事故发生地及与该案件、事故相关的一切场所。

现场保护是指案件发生后，及时采取保护措施，使现场保持发生时的原始状态，以便为现场勘查创造有利条件的工作。

实践表明，保护好现场有利于收集现场证据，有利于保守现场的秘密，有利于查明违法犯罪活动、事故发生的情况。

本节所述主要是指案件现场保护。需要保护的案件现场大多是刑事案件现场，也有少部分为治安案件现场。判断案件现场是否需要保护，一看现场损害后果是否严重，二看现场是否有与案件相关的物品与痕迹。刑事案件现场也称犯罪现场，是指犯罪嫌疑人实施犯罪活动的地点和遗留有与犯罪有关的痕迹和物品的一切场所。所谓犯罪的地点，主要是发生案件的地点。这些地点，是犯罪分子活动时间长、因果联系集中、留有痕迹物证最多的地方，是违法犯罪最主要的活动场所。所谓遗留有与违法犯罪有关的痕迹、物品的一切场所，是指除了犯罪分子实施违法犯罪的地点以外，还包括犯罪分子实施犯罪前预谋犯罪、准备犯罪工具、窥探踩点、出入现场路线和实施犯罪后收藏处理赃物罪证，或肢解、转移、掩埋尸体等一切场所。这些与实施犯罪相连贯的场所，反映出犯罪活动的不同侧面和发展过程，也是犯罪活动的重要现场。

保护现场人人有责。对于犯罪现场的保护，我国《刑事诉讼法》第一百零二条规定："任何单位和个人，都有义务保护犯罪现场，并且立即通知公安机关派员勘验。"这就是说，保护现场是法律赋予每个公民的义务。根据我国有关法律法规规定，在岗工作的保安员负有保护现场的职责。

2.4.2　现场保护任务

一旦闻悉案件发生，保安员应首先奔赴现场，查看案件是否确实有案件现场。如确实有，一方面立即报公安机关（110 电话），另一方面迅速采取有效措施，保护现场的现有状态。现场保护的具体任务是：

1．核实情况，迅速上报

到达现场后，首先应当对有关案件的情况进行初步的询问和了解，其要点是：

（1）时间、地点、发生或发现的事件。

（2）发生或发现事件的简要经过和现场的梗概情况。

（3）犯罪嫌疑人的人数和特征，有无凶器和交通工具，逃跑的方向。

（4）经初步核查后，迅速向公安机关报告事主、被害人的基本情况，受到何种伤害及其程度或者被抢、被盗财物的基本情况。

2．划定保护区的范围，布置警戒

根据犯罪现场的情况和周围环境划定保护区的范围，布置警戒，是保护现场的主要措施。范围的大小原则上应包括中心现场和外围现场。划定范围后应实行警戒，将现场封闭，不允许包括受害者及其亲属在内的任何人接近。保护现场的人员也不得无故进入，更不准擅自勘查，以免破坏犯罪嫌疑人遗留的痕迹和物品。

3. 针对现场情况，采取紧急措施

在保护现场的过程中，遇到某些紧急情况时，应积极采取紧急措施，减少公民生命财产的损失，保全人证、物证，迅速获取罪证材料。常见的紧急措施一般有以下四种：

（1）急救人命。遇有生命危险的被害人或犯罪嫌疑人时，应采取急救措施，并注意向被救护者了解与案件有关的情况。但在救治犯罪嫌疑人的过程中，要严密监视，防止发生意外。

（2）排除险情。对可能继续发生火情、爆炸的现场，应采取紧急措施，果断地切断险源，疏散群众，避免发生新的危害。对铁路轨道上发现的尸体，应将尸体撤离，迅速有效地排除隐患，防止险情扩大。

（3）排除交通障碍。对围观群众较为密集的现场，应采取措施，疏导群众，开辟、维护公安及救助车辆行驶通道，保证通道畅通。

（4）扭送和追缉人犯。在赶赴现场时，若遇到正在作案人或重大嫌疑人，有能力的应立即将其抓获，扭送公安机关；抓获条件不成熟的应设法控制，等待公安人员或其他增援人员到场合力抓获。若遇到作案分子刚刚逃离现场，一方面要警戒保护现场，另一方面应立即组织力量追捕和抓获作案人。

4. 收集对案件的反应，登记在场的证人

负责保护现场的人员应抓紧发案不久的有利时机，及时开展初步访问工作，掌握情况，及时向事主、发现人和现场周围群众了解案件发生、发现的经过以及收集群众对疑人疑事的议论等，并对现场的在场人员和车辆逐一登记，以便为现场调查工作打下基础。

5. 向民警报告发现案件的经过和保护现场的情况

民警到达现场后，现场保护人员应将发现案件的经过和保护现场的情况向民警报告。报告的要点是：

（1）案件发生、发现的时间，接受报案的时间，保护现场的时间，以及案件发生、发现的简要经过，保护现场人员的姓名、单位和职务。

（2）现场发生变动、变化的情况。

（3）事主、被害人、发现人、报案人的基本情况，了解犯罪案件有关人员的名单及群众对案件的议论、反应等情况。

2.4.3 现场保护方法

1. 室内现场保护方法

室内现场的保护，通常是把出事的房间和室外进出该房间的路线，以及可能遗留有犯罪痕迹、物品的场所一起封锁起来，布置警戒，或者绕以绳索，禁止一切无关人员入内。具体做法可根据犯罪现场的环境灵活掌握。如果现场在单独库房、房间，可在房门口布置人员看守。遇大风暴雨需封闭门窗时，应戴手套进行，注意不要破坏犯罪痕迹、物品，不能用手触摸或碰动门窗锁扣、门窗把手和门窗玻璃等。如果现场在二楼以上或多个房间时，可在一楼楼梯口或在二楼楼梯口设置障碍物，同时要布置人员警戒。在保护室内现场的同时，要注意发现违法犯罪嫌疑人来去现场的室外出入路线，发现违法犯罪嫌疑人来去途中遗留的痕迹和物品，并予以保护。

2. 室外现场保护方法

对室外现场的保护，通常是划出一定的范围布置警戒。范围的大小，原则上应包括犯罪分子作案的地点和犯罪分子可能遗留痕迹、物品的场所。一般来说，起初由于对现场情况不明，警戒范围可划得大一点，待民警到达现场后，根据具体情况和实际需要，再作适当调整。

范围划定后，即可采取保护措施进行保护。保护措施也要因地制宜，对于范围不大的室外现场，条件许可时，可在现场周围绕以绳索，防止人员闯入。范围较大的现场，可在通往现场的各个道口布置岗哨，防止无关人员进入。在交通要道上的现场，应配合公安人员指挥车辆、行人绕道而行。如确实无道可绕而来往车辆又特别频繁的，可将没有遗留痕迹的部分划出来，让车辆、行人通行。

3. 现场痕迹、物品保护方法

对现场痕迹、物证，保护人员一般不应触动。遇到某种紧急情况时，如急救人命、排除险情、抢救财物等，必须进入现场或者必须移动现场上的某些物品时，保护人员应当尽量避免踩踏现场的足迹和触摸现场的物品。对于行走路线上已发现的痕迹、物品，可用粉笔等就地画圈以作标记，以免他人不注意而受破坏。对于必须移动的物品，在拿取时应选择适当的部位，以免破坏原有的痕迹或留下保护人员自己的痕迹。对室外的痕迹、物品，有被自然、人为的因素破坏的可能时，应用盆、塑料布等进行遮盖，但忌用带有浓烈气味的器物遮盖，以免破坏嗅源，妨碍使用警犬追踪、鉴别。具体方法有：

（1）警戒法。警戒法是指不进入现场内部，而在现场周围设岗，警戒看守痕迹、物品的保护方法。具体做法包括：一是设置“人墙”，适用于现场秩序比较混乱的现场；二是设置障碍物，即用砖块等物将现场加以标记和隔离；三是划定警戒线，即用绳索、粉笔等标示现场位置。

（2）标记法。标记法是指在犯罪痕迹、物品周围用一些醒目的物品做标记，以提醒或告诫人们注意保护的一种方法。这种方法主要用于以下两种现场：

1）遇有某种紧急情况的室内、室外现场。

2）范围较大，痕迹、物品较分散，保护人员已经发现而随时有被人为因素变动的室外现场。

（3）遮盖法。遮盖法是指在犯罪痕迹、物品上用一定的物品进行遮盖保护的方法，这种方法主要适用于室外现场痕迹、物品的保护。

（4）转移法。转移法是指转移现场带有物证的物体，以适当方式保存、保护的一种方法。这种方法主要适用于两种现场：一是存在某种特殊紧急情况的室内现场，如放火案现场；二是地处特殊位置的室外现场，如案发在铁路或公路干路上的犯罪现场。

（5）提取法。提取法是指在保护现场过程中，用适当的方法将特定的痕迹物品进行提取的一种方法。这种方法适用于现场存在细小物品和贵重物品，如不提取就可能使其遭受变动、破坏的情况。

4. 人体保护方法

如果人已死亡，对尸体的保护应尽量保持其原状以待勘查。当然保持原状不等于不采取保护措施，有时应根据天气情况、现场状况等采取适当的保护措施。可酌情采取以下几种方法：

（1）对于烈日暴晒或将受雨淋、雪盖的尸体，应用塑料布等不透风雨的材料遮盖，避免尸体和尸体上附着的血迹、毛发、精斑等散失或被污染。

（2）对于河中的尸体，一般不要打捞。但如果水流湍急，要设法固定，防止急流冲走；无法固定的，则打捞上岸并进行遮盖保护。在打捞尸体时，不要使用铁钩等硬物去打捞，以免形成新的损伤。

（3）对于火场中的尸体，有被火烧毁或被倒塌的砖石覆盖的危险的，应记明尸体的位置和姿势后，移出火场保存。如火已被扑灭，建筑物不会倒塌的，应就地保护，不要移动。

（4）对于悬挂的人体，有救活希望的，应用剪刀从被勒颈部的侧面剪断绳索，并将绳索保存好。如确已死亡，应维持原状。

本章测试题

一、判断题（将判断结果填入括号中。正确的填“√”，错误的填“×”）

1. 全方位观察法是指保安员在执勤过程中，对自己视听所及的范围进行全面的重点观察。（ ）

2. 心理观察具体表现在嫌疑人随身携带的物品和藏匿的物品方面。（ ）

3. 与身份证相貌、年龄、籍贯、口音等有明显差别的或不相符的人是可疑者。（ ）

4. 保安员自己位于亮处时，易被对方发现，而不易发现对象。（ ）

5. 辨认是利用识记过的通缉或协查对象，给自己留下的体貌形态特征，与相似或近似的通缉、协查对象的比较鉴别。（ ）

6. 有人夜晚在银行、仓储、住宅和机关单位周边徘徊观望，应将其带离检查。（ ）

7. 在问话时，如对方的眼神飘忽不定，说明其一定有所隐瞒。（ ）

8. 潜逃犯由于精神处于高度紧张状态，彻夜不眠，眼睛发红，因此容易出现困倦、疲惫不堪的表情。（ ）

9. 从对方谈话中使用的方言判断其大致生活或居住的地区，能有效地识别流窜犯罪或通缉在逃犯罪嫌疑人。（ ）

10. 人的头形、面部形态是进行个人识别的关键。（ ）

11. 在公共汽车站，扒窃人员往往在车门处使劲向上挤，但又不上车，有时卡在车门处不上不下。（ ）

12. 在商场中不停地来回闲逛，四处看周围有无人员注意，这类人员是可疑人。（ ）

13. 对进入居民区不按正常方法入室的人员，应仔细查问其究竟是从天窗、下水道还是翻墙进入的。（ ）

14. 可疑人一般特征是：问话时搪塞，漏洞百出，行动诡秘，视线躲避保安员。（ ）

15. 伪装精神病者对各项精神检查常持对抗态度，有的拒绝检查和治疗，但承认有病，不愿住院。（ ）

16. 涂改证明识别方法是，由于改动、增添、减少、拼接的字体、字位与原字体、

字位不协调，书写笔迹不同，往往出现许多破绽甚至反常现象。（　　）

17. 将证明的一部分剪裁掉补上一块白纸，在白纸上填入需要的内容，是涂改证明。（　　）

18. 涂改证明的识别可以看间距，即字与字、字与中心图案的排列距离，看字与字之间是否稀密不均匀。（　　）

19. “挖补假票”，是指制假人员将失效车票的车站名、票价和日期挖割下，分类贴上长途站的地点、金额、时间、铺位等，再用电熨斗熨平。（　　）

20. 针刺过密，蜡纸被刺破的地方，印出的印章出现颜色深浅不等，不一定是针刺假公章。（　　）

21. 保安员巡逻时要有法治观念、人权保障观念和评估观念。（　　）

22. 查问是保安员在观察、识别、确认可疑对象的基础上进行的一项审查活动。（　　）

23. 没有取得犯罪嫌疑人的证据不能查问。（　　）

24. 保安员发现可疑情况后，周围环境为不宜进行查问的地点，也可进行查问。（　　）

25. 发现重大犯罪嫌疑人时，千万不要急于拦截，应先报告要求支援。（　　）

26. 保安员发现被绑架的人求救时，应立即报警，隐蔽等待增援。（　　）

27. 查问一般可以分为四个步骤，即起问、查问、查验、处理。（　　）

28. 保安员在查验居民身份证、工作证、介绍信时，要特别注意涂改的证件。（　　）

29. 有可能是犯罪工具和犯罪物证的，保安员均应收缴和搜身。（　　）

30. 保安员发现车上载有可疑物品、违禁物品或走私物品等，就要及时对车辆进行搜查。（　　）

31. 保安员接到报案，应先向上级部门报告并快速赶到现场，面对数个犯罪行为人时，应拉开距离，令其不准动，逐个控制，使其不能逃窜。（　　）

32. 当嫌疑车辆被拦截以后，必要时应收存其行驶证，以防其逃跑。（　　）

33. 保安员不得诱供或者以暴力、威胁引诱、欺骗等非法手段取得物证。（　　）

34. 保安员在巡逻查问中遭到突然袭击时，往往心理上产生高度紧张，此时，应抓住时机，猛烈反击。（　　）

35. 如果保安员已身负重伤，则应设法隐蔽，静卧不动，拖延时间，以求转机。（　　）

36．当保安员意识到被人袭击时，应向前主动出击，徒手夺取对方凶器。（　　）

37．保安员在遭到可疑人徒手袭击时，虽然自己携有保安棍，也不要随便使用。（　　）

38．保安员最先赶到现场，在民警未到或未经同意的情况下，不得对现场的痕迹、物体等用粉笔进行标记。（　　）

39．当将犯罪嫌疑人追进死角，其再无法逃跑时，应该果断擒获，扭送派出所。（　　）

40．无论犯罪嫌疑人多么老练，也会因为危险的到来而心情紧张、激动，暴露出蛛丝马迹。（　　）

41．巡逻发现车上有明显的拉断、撬压等痕迹的，应上前盘查。（　　）

42．当犯罪嫌疑人人数较少、年龄较大、携物较多、行动不便，或尚未发现保安员、毫无逃跑迹象时，可采取迂回接近的战术。（　　）

43．现场保护指案件发生后，及时采取保护措施，使现场保持发生时的原始状态，以便为现场勘查创造有利条件的工作。（　　）

44．判断案件现场是否需要保护，主要看现场损害后果是否严重。（　　）

45．现场保护的具体任务之一是：核实情况，迅速上报。（　　）

46．犯罪现场也称刑事案件现场。（　　）

47．现场保护是指案件发生后，及时采取保护措施，使现场保持发生时的真实状态，以便为现场勘查创造有利条件的工作。（　　）

48．一旦闻悉案件发生，首先奔赴现场，查看案件是否确实有案件现场。如确实有，一方面立即报公安机关，另一方面迅速采取有效措施，保护现场的现有状态。（　　）

49．保安员闻悉案件发生后，必须迅速赶赴现场。到达现场后，首先应当对有关案件被害人的社会交往人员情况进行初步的询问和了解。（　　）

50．到达治安突发事件现场后，保安员要能迅速判断事件的危险源头。（　　）

51．闻悉案件发生后，必须迅速赶赴现场。经初步核查后，迅速向公安机关报告事主、被害人的基本情况，受到何种伤害及其程度或者被抢、被盗财物的基本情况。（　　）

52．布置警戒范围的大小，原则上应该是中心现场、外围现场及其周边区域。（　　）

53．保安员划定范围后应实行警戒，将现场封闭，除受害者亲属、急救人员外，

不允许任何人接近。 ( )

54. 保安员在保护现场的过程中，应注意收集现场事主、发现人和现场周围群众的反应情况。 ( )

55. 负责保护现场的保安员应抓紧发案不久的有利时机，对现场的在场人员和车辆逐一登记。 ( )

56. 保安员在赶赴现场时，若遇到正在作案人或重大嫌疑人，应当奋不顾身地立即将其抓获，扭送公安机关。 ( )

57. 现场保安员在民警到达现场后，必须向民警报告情况的要点。 ( )

58. 保安员在保护室内现场的同时，要注意发现和保护违法犯罪分子来去途中遗留的痕迹和物品。 ( )

59. 保安员保护室内现场，常用的封闭现场方法是布置警戒，绕以绳索，设置人墙。 ( )

60. 保安员保护室内现场，通常是把出事的房间和室外进出该房间的路线，以及可能遗留有犯罪痕迹、物品的场所一起封锁起来。 ( )

61. 室内现场的保护，通常是把出事的房间和室外进出该房间的路线，以及可能遗留有犯罪痕迹、物品的场所一起封锁起来，布置警戒，或者绕以绳索，禁止一切无关人员入内。 ( )

62. 保安员划定范围后应实行警戒，将现场封闭，不允许与案件无关人员接近。 ( )

63. 保安员保护室外现场，一般来说，起初由于对现场情况不明，警戒范围不妨划得大一点。 ( )

64. 保安员保护室外现场，警戒范围已经确定实施，任何情况下不得变更。 ( )

65. 保安员遇到某种紧急情况时，必须进入现场或者必须移动现场上的某些物品时，保安员应当尽可能减少踩踏现场上的足迹，尽量不要触摸现场上的物品。 ( )

66. 现场保护中的转移法，主要适用于放火案现场或者发生在铁路、公路干路上的犯罪现场。 ( )

67. 保安员在保护现场过程中，对于现场痕迹、物证，一律不得触动。 ( )

68. 标记法是指在犯罪痕迹、物品周围用一些醒目的物品做标记，以提醒或告诫人们注意保护的一种方法。 ( )

69. 如果人已死亡，对尸体的保护，应尽量保持其原状以待勘查，通常可不采取

保护措施。（　　）

70. 现场保护是指对犯罪现场从案发到现场勘查开始前这一阶段的保护，是对发现的犯罪现场保持原始状态，防止遭受变动而采取的措施。（　　）

71. 在凶杀现场有人受伤或者有生命危险的时候，不能因保护现场而不抢救生命，抢救受伤人员时，要特别注意受伤人员躺卧的位置、姿势和伤势情况。（　　）

72. 对抢劫犯罪分子逃窜时掉落的东西，不要直接用手拿，必须用手套、布块或者塑料袋垫着才能拿起，并且尽量只拿捏物品的边缘。（　　）

73. 对于不能制止火势蔓延的火场中的尸体，有可能被烧毁或被倒塌建筑物压坏时，应当设法将尸体移出火场，但是要记清现场变动情况及尸体姿势。（　　）

74. 爆炸往往引起火灾，组织灭火和排除险情时，对现场的易燃易爆物品不要搬动转移。（　　）

75. 发现汽车后备厢被撬、车窗被砸而失窃物品的，车主应当在警方到达现场之前，洗刷车辆，清理好散落的车窗玻璃碎片。（　　）

76. 如果嫌疑人尚未逃离抢夺案件现场，赶到的保安员应当以不计任何个人得失的勇气实施抓捕。（　　）

77. 伤害案件的现场秩序比较混乱，保安员首先应当通知交通警察到现场维持交通秩序，指挥疏导交通。（　　）

78. 寻衅滋事是一种无理取闹、肆意挑衅、横行霸道、无故殴打他人的行为，保安员应当坚持正义，敢于与寻衅滋事人员做斗争，讲究处置策略是放弃制止违法犯罪的行为。（　　）

二、单项选择题（选择一个正确的答案，将相应字母填入题内的括号中）

1. 保安员在巡逻时，应依据违法犯罪的时间规律进行（　　）。

A. 重点观察法　　B. 全方位观察法　　C. 地点观察法　　D. 时段观察法

2. 复杂公共场所因夜间光线暗淡、视野狭窄等因素，在涉及嫌疑人员多的情况下，采用（　　）法，可防止犯罪嫌疑人从背后或侧翼偷袭。

A. 定位观察　　B. 巡视观察　　C. 定向观察　　D. 专注观察

3. （　　）是指保安员对嫌疑人的行为动作进行巡查的一种活动。

A. 心理观察　　B. 意识反应　　C. 行动方式　　D. 行为观察

4. 对行为可疑者的观察，主要是观察其符合或相似于（　　）特征的行为。

A. 心理　　B. 行为

C. 一些违法犯罪活动　　D. 品德

5. 对行为可疑者的观察，是指有从事违法犯罪活动的嫌疑，其行为举止有违背规律、违反常人的行为模式，即（　　）现象。

A. 行为　　B. 动作　　C. 反常　　D. 思维

6. 在意识的支配下可以进行伪装，但仍会不由自主地表现从而暴露，特别表现在（　　）。

A. 携带的物品上　　B. 姿态、手势及其面部表情上

C. 穿戴的衣服上　　D. 肩挎的包裹上

7. 保安员夜间用肉眼由（　　）观察，不易发现目标。

A. 高处向低处　　B. 低处向高处　　C. 内向外　　D. 外向里

8. 保安员夜间观察，（　　）的人员和物体易发现。

A. 无伪装　　B. 有伪装　　C. 小物体　　D. 模糊

9. 实施辨别、认定的基本条件是其（　　）特征。

A. 体貌　　B. 心理　　C. 行为　　D. 动作

10. 现场虽有可疑人，可能会进行伪装，但这种控制和支配是（　　）。

A. 无限的　　B. 有限的　　C. 可能的　　D. 可以办到的

11. 男性携带女性的拎包、背包，或随身携带有插片、螺丝刀等可疑物品系（　　）。

A. 携带的物品与其身份不相符　　B. 行为和周围环境的差异

C. 行为和身份的差异　　D. 穿着打扮不合时宜

12. 巡逻发现车上有明显的拉断、撬压等痕迹的，应上前（　　）。

A. 查问　　B. 盘查　　C. 审查　　D. 检查

13. 怀疑对方说谎，但又没有实质性的证据，可先缓和气氛，然后（　　），可发现线索。

A. 抓住疑点　　B. 突然发问　　C. 心态平和　　D. 情绪正常

14. 保安员从嫌疑人的神态上，可发现其对周围环境和人员特别警觉，极为（　　）。

A. 亢奋　　B. 木然　　C. 神情自然　　D. 敏感多疑

15. 保安员巡逻中应注意发现，流窜外逃或刚刚逃离现场的案犯，（　　）的心理更加突出。

A. 行动鬼祟　　B. 神情自然　　C. 轻松愉快　　D. 紧张、恐惧

16. 接受盘问时，手臂、腿发抖，额头出汗，脸色发白或泛红，是（　　）可疑

的表现。

A．举止　　B．身份　　C．体貌　　D．神态

17．从对方谈话中使用的方言判断其大致生活或居住的地区，能有效地识别（　　）或通缉在逃犯罪嫌疑人。

A．盗窃　　B．抢夺　　C．放火　　D．流窜犯罪

18．文身多刺在手臂、手背、大腿、前胸和（　　）等处。

A．后背　　B．脖颈　　C．脚面　　D．手心

19．扒窃犯眼睛不断转动，两眼集中盯人们的衣兜、（　　），神情专一。

A．包裹　　B．脸颊　　C．眼睛　　D．手臂

20．扒窃犯在动手作案时，可能经常使用除（　　）外的物品，遮住被窃对象的视线。

A．胳膊　　B．太阳镜　　C．书报　　D．提包

21．乘小车进入小区者以各种理由急于离开警卫或（　　）的为可疑人。

A．主动说话　　B．停下观望　　C．打听住址　　D．躲避视线

22．在商场中不停地来回闲逛，（　　）的为可疑人。

A．有意躲避保安员视线　　B．到处观望

C．主动与保安员搭讪　　D．拿相机拍照

23．对进入居民区不按正常方法入室的人员，应（　　）其究竟是从天窗、下水道还是翻墙进入的。

A．当场盘问　　B．仔细查问　　C．带回门卫询问　　D．报“110”查清

24．医院内可疑人一般特征是：问话时搪塞，漏洞百出，行动诡秘，（　　）。

A．两眼发直　　B．视线躲避　　C．漫无目的　　D．东张西望

25．（　　）的特征是受外界环境影响，常依次出现，逐日更换，选择哪种症状最像精神病，便表演哪种，使别人相信其真有病。

A．模拟症　　B．拒绝症　　C．表演症　　D．木僵症

26．伪装者的（　　）决定了其不可能不关心周围环境变化，意志性掩盖难以完全实现。

A．生理特征　　B．心理特征　　C．体貌特征　　D．外表特征

27．（　　）的识别方法是，由于改动、增添、减少、拼接的字体、字位与原字体、字位不协调，书写笔迹不同，往往出现许多破绽甚至反常现象。

A．剪裁证明　　B．涂改证明　　C．褪色证明　　D．复印证明

28. （　　）的识别方法是，由于拼接的字体、字位与原字体、字位不协调，往往出现许多破绽，甚至反常现象。

A. 剪裁证明　　B. 涂改证明　　C. 褪色证明　　D. 复印证明

29. 剪裁证明的特点是，写字部分与盖章的部位不正常；对光照射可发现证明中的粘贴（　　）。

A. 书写笔迹　　B. 改换日期　　C. 重叠线　　D. 改名换姓笔迹

30. 将证明的一部分剪裁掉补上一块白纸，在白纸上填入需要的内容，是(　　)。

A. 剪裁证明　　B. 涂改证明　　C. 褪色证明　　D. 复印证明

31. 假票字体颜色（　　），没有立体感，纸张也不如真票有光泽和质感。

A. 较浅　　B. 较深　　C. 较黑　　D. 较红

32. （　　）即字与字、字与中心图案的排列距离，字与字之间稀密不均匀。

A. 看间距　　B. 看字体　　C. 看笔画　　D. 看图案

33. 用扫描至计算机，并通过高清晰度彩色打印机打印出来的假票，仿真度（　　）。

A. 较低　　B. 较高

C. 较差　　D. 以上选项均不正确

34. 用（　　）至计算机，并通过高清晰度彩色打印机打印出来的假票，仿真度较高。

A. 扫描　　B. 复印　　C. 拍照　　D. 描图

35. 识别公章上的图案，主要看图徽、五星两边的（　　）是否清楚，位置、笔画粗细是否恰当。

A. 刀锋　　B. 字体　　C. 横线　　D. 大小

36. 识别公章上的图案，主要看图徽、五星两边的横线是否清楚，位置、（　　）是否恰当。

A. 刀锋力度　　B. 笔画粗细　　C. 字体大小　　D. 图徽大小

37. 保安员巡逻时要有法治观念、人权保障观念和（　　）观念。

A. 评估　　B. 程序　　C. 距离　　D. 接近

38. （　　），应使对象对进行查问的根据感到合乎情理，得到理解，目的是避免发生误会，防止激化和纠纷。

A. 合理原则　　B. 怀疑的原则　　C. 距离的原则　　D. 两防的原则

39. 根据现场环境和违法犯罪动向，保安员经常采用“(　　)”战术方法，待其露出马脚再出击。

A. 声东击西　　B. 欲擒故纵　　C. 敲山震虎　　D. 引蛇出洞

40. 根据现场环境和违法犯罪动向，保安员经常采用“欲擒故纵”战术方法，待其（　　）再出击。

A. 自我放弃　　B. 放松警惕　　C. 露出马脚　　D. 黔驴技穷

41. （　　）会造成证据转移或可疑人员逃窜。

A. 查问太早　　B. 跟踪　　C. 盯梢　　D. 查问太晚

42. 如出现时机恰当、地点不太理想时，应以把握“（　　）”的原则。

A. 主动出击　　B. 时机为主，选择地点为辅

C. 掌握地点　　D. 合法

43. （　　）是指为便于工作，防止其行凶或逃跑，尽量选择在光线条件较好的地点。

A. 宜直不宜弯　　B. 宜静不宜闹　　C. 宜宽不宜窄　　D. 宜明不宜暗

44. 当犯罪嫌疑人人数较少、年龄较大、携物较多、行动不便，或尚未发现保安员、毫无逃跑迹象时，可采取（　　）接近。

A. 正面　　B. 侧后　　C. 后面　　D. 迂回

45. 当犯罪嫌疑人人数较多，且年轻力壮，手中可能持有凶器，有逃跑企图时，保安员可采取正面牵制，（　　）包围的方法接近。

A. 突然袭击　　B. 左、右两侧迂回

C. 正面接近　　D. 侧后

46. 发现重大犯罪嫌疑人时，千万不要急于拦截，应（　　）。

A. 左、右两侧迂回　　B. 先报告要求支援

C. 正面接近　　D. 侧后迂回

47. 保安员盘查可疑人时，经常采用的拦截方式是（　　）。

A. 跟踪法　　B. 包抄法　　C. 迂回法　　D. 正面法

48. 保安员站在几个被拦截对象的（　　）进行查问最危险。

A. 前面　　B. 后面　　C. 侧面　　D. 中间

49. 以关心、友好的形式进行攀谈，寻找其言行的疑点是（　　）起问。

A. 询问　　B. 一般性询问　　C. 交谈式　　D. 盘查

50. 发现具有实质性疑点时，即可进入（　　）阶段。

A. 截停　　B. 查问　　C. 盘问　　D. 缉捕

51. 保安员查问的“十看、十对”要诀中，以下（　　）的表述是错的。

A. 看证件，对姓名　　B. 看原籍，对口音

C. 看面貌，对关系　　D. 看物品，对来由

52. 人与证对照主要是对照证件照片形象与持证人是否相像或同一，或（　　）。

A. 证件内所载内容与持证人陈述是否一致

B. 证件规格与图像是否有疑

C. 观察特殊印记与暗记是否有疑

D. 证件质地是否有假

53. 若现场反复查问不能查清疑点或越问疑点越多，保安员应果断(　　)。

A. 带离　　B. 控制　　C. 搜身　　D. 报警

54. 保安员对嫌疑车辆进行查验时，应指令驾驶员（　　），车上其他人员下车集中后进行查验。

A. 熄火、下车　　B. 双手抱头　　C. 下车搜身　　D. 在驾驶室

55. 保安员查验物品所用的（　　），是以交流磁场的微小变化为根据，当遇有外界磁场干扰时，线圈发生感应，从而引起报警。

A. 手持金属探测器　　B. 炸弹检测器

C. 水下专用探测器　　D. X 射线

56. 保安员只要避开了（　　）次射击对我方形成的威胁，就有摆脱被动伺机反击的机会。

A. 第二　　B. 第三　　C. 第一　　D. 第四

57. 保安员接到报案快速赶到现场时，若面对数个犯罪行为人，应（　　），使其不能逃窜。

A. 逼近对象，令其不准动　　B. 拉开距离，令其不准动，逐个控制

C. 拉开距离，整体控制　　D. 令其面对、抱头、蹲下、不准动

58. 当嫌疑车辆被拦截以后，必要时应收存其（　　）以防逃跑。

A. 身份证　　B. 驾驶证　　C. 车钥匙　　D. 行驶证

59. 保安员在车上查可疑物，一般是采用翻动、抽查的方法，必要时也可采用（　　）的方法检查。

A. 全面检查　　B. 扣车带离　　C. 网上排查　　D. 全部卸车

60. 对群众举报或指认的可疑人，或实施现行违法犯罪行为的人员，保安员应（　　）并立即报警。

A. 先报告、后控制　　B. 先报警、后抓捕

C. 先监视、控制住　　D. 先监视、后支援

61. 保安员不得诱供或者以暴力、威胁引诱、欺骗等非法手段取得（　　）。

A. 证据　　B. 赃物　　C. 赃款　　D. 物证

62. 突遭袭击进行反击时，要运用（　　）技战术动作与袭击者周旋。

A. 机智灵活　　B. 寻找时机　　C. 沉着冷静　　D. 周密计划

63. 遭到突然袭击时，要搞清嫌疑人数、袭击方式和自己的（　　），搞清情况才能采取有效的反击。

A. 现实处境　　B. 身体状况　　C. 技术能力　　D. 查技能力

64. 遭到枪击时，应就近利用地形向（　　）处隐蔽或滚动，同时大声呼喊同伴。

A. 低洼处　　B. 灯箱后　　C. 同伴处　　D. 掩护物

65. 保安员在保护各类案（事）件现场时，遇有违法犯罪人员抗拒、袭击时，保安员可根据实际情况需要使用（　　）。

A. 保安棍　　B. 对讲机　　C. 录音笔　　D. 警戒带

66. 保安员遭到持械袭击时，要设法报告（　　），或与就近警力取得联系。

A. 119　　B. 110　　C. 120　　D. 101

67. 巡逻遭到徒手袭击，独自一人没有外援和反击工具时，可请求在场的群众报告“110”，尽快与上级或就近警力取得联系，（　　）犯罪团伙成员。

A. 跟踪　　B. 抓获　　C. 拦截　　D. 盘查

68. 在没有反击条件的情况下，保安员可采用（　　）的方法。

A. 以退为进　　B. 伺机擒获　　C. 机智周旋　　D. 摆脱控制

69. 若对方赤手空拳，对群众和自己人身构成威胁，只要对方人数单一，则应运用（　　）的技术强行制服案犯。

A. 踢、打、摔、拿　　B. 催泪瓦斯喷射

C. 电警棍电击　　D. 砖石、木棒

70. 保安员迅速赶到出事现场的目的，是为了及时对案（事）件的现场（　　）。

A. 疏散群众　　B. 疏导车辆　　C. 进行保护　　D. 及时取证

71. 保安员迅速赶赴现场能（　　）。

A. 抓获犯罪嫌疑人　　B. 尽快画线标记

C. 了解调查案情　　D. 协助侦破案件

72. 在实行犯罪或者在犯罪后被发现的、通缉在案的、越狱逃跑的、（　　），任何公民都可以立即将其扭送公安机关。

A．正在被追捕的　　B．正在吸毒的
C．打架斗殴的　　D．贩卖淫秽书刊的

73．当将罪犯追进死角，其再无法逃跑时，保安员应（　　）。
A．手持保安棍看牢罪犯，等待支援　　B．将其击倒在地
C．果断擒获，扭送派出所　　D．喝令其蹲下，等待支援

74．（　　）会造成证据转移或可疑人员逃离。
A．查问太早　　B．跟踪　　C．盯梢　　D．查问太晚

75．遭到突然袭击时，要搞清（　　）和自己的现实处境，搞清情况才能采取有效的反击。
A．嫌疑人数、袭击原因　　B．嫌疑人数、袭击方式
C．袭击目的、袭击对象　　D．嫌疑人数、嫌疑人特征

76．当犯罪嫌疑人人数较少，年龄较大，携物较多，行动不便，或尚未发现保安员，毫无逃跑迹象时，可采取（　　）战术。
A．机智周旋　　B．先报告要求支援
C．左、右两侧迂回　　D．以退为进

77．保护好现场的作用不包括（　　）。
A．有利于收集现场证据　　B．有利于保守现场的秘密
C．有利于制止违法犯罪活动　　D．有利于查明案（事）件发生的情况

78．犯罪的地点，主要指发生案件的地点。这些地点的特点不包括（　　）。
A．犯罪分子活动时间长　　B．犯罪分子活动时间比较短
C．因果联系集中　　D．留有痕迹物证最多

79．判断案件现场是否需要保护，首先看现场是否有（　　），二看现场是否有与案件相关的物品与痕迹。
A．人伤亡或被抢盗物品　　B．损害后果
C．重大经济价值　　D．严重损害后果

80．判断案件现场是否需要保护，一看现场损害后果是否严重，二看现场是否有（　　）。
A．作案工具与痕迹　　B．与案件相关的痕迹
C．与案件相关的物品与痕迹　　D．与案件相关的物品

81．保安员到达现场后，应核实现场情况的要点不包括（　　）。
A．时间、地点，发生或者发现的事件

B. 发生或者发现事件的简要经过和现场的梗概情况

C. 犯罪嫌疑人的人数和特征，有无凶器和交通工具，逃跑的方向

D. 事主、被害人的基本情况，被抢、被盗财物的具体数额

82. 关于犯罪的地点，下列说法不正确的是（　　）。

A. 留有痕迹物证最多的地方　　B. 初次发现的地方

C. 因果联系集中的地方　　D. 活动时间长的地方

83. 关于犯罪现场概念，正确的表述是（　　）。

A. 犯罪嫌疑人实施犯罪活动的地点

B. 遗留有与犯罪有关的痕迹和物品的主要场所

C. 犯罪嫌疑人实施犯罪活动的地点和遗留有与犯罪有关的痕迹和物品的主要场所

D. 犯罪嫌疑人实施犯罪活动的地点和遗留有与犯罪有关的痕迹和物品的一切场所

84. 现场保护是指案件发生后，及时采取保护措施，使现场保持发生时的原始状态，以便为（　　）创造有利条件。

A. 现场侦察　　B. 现场勘查　　C. 现场访问　　D. 现场实验

85. 现场保护指案件发生后，及时采取保护措施，使现场保持发生时的（　　），以便为现场勘查创造有利条件。

A. 原始状态　　B. 原有状态　　C. 记录状态　　D. 静态状态

86. 保安员闻悉案件发生后，必须迅速赶赴现场。到达现场经初步核查后，必须迅速向公安机关报告的内容是（　　）。

A. 发案时间、地点、经过　　B. 发现时间、地点、损害后果

C. 发案时间、地点、损害后果　　D. 嫌疑人特征

87. 负责保护现场的人员应抓紧案发不久的有利时机，及时开展初步访问工作，掌握情况，及时要了解的情况不包括（　　），以便为现场调查工作打下基础。

A. 向发现人了解案件发现的经过

B. 向现场周围群众了解案件发现的经过

C. 被害人被盗财物的具体损失情况

D. 收集群众对疑人疑事的议论

88. 到达治安突发事件现场后，保安员要（　　）。

A. 向发现人了解案件发现的经过

B. 向现场周围群众了解案件发现的经过

C. 统计被害人被盗财物的具体损失情况

D. 能迅速判断事件的危险源头

89. 布置警戒范围的大小原则上应该是（　　）。

A. 中心现场

B. 外围现场

C. 中心现场、外围现场及其周边区域

D. 中心现场和外围现场

90. 保安员划定范围后应实行警戒，将现场封闭，除（　　）外，不允许任何人接近。

A. 警察、急救人员　　B. 受害者、证人

C. 受害者亲属、急救人员　　D. 警察、现场保安员领导

91. 保安员在保护现场的过程中，应注意收集现场（　　）的反应情况。

A. 事主　　B. 发现人

C. 事主、发现人　　D. 事主、发现人和现场周围群众

92. 保安员在保护现场的过程中，应注意收集现场（　　）内容的反应情况。

A. 案件发生、发现的经过及地区治安情况的议论

B. 案件发生、发现的经过及疑人疑事的议论

C. 案件发生、发现的经过及事主家庭情况的议论

D. 案件发生、发现的经过及事主损害后果的议论

93. 保安员在保护现场的过程中，遇到紧急情况时应积极采取紧急措施，但下列（　　）情况不属于紧急情况，无须采取紧急措施。

A. 生命危险的犯罪嫌疑人　　B. 围观群众较为密集致交通障碍

C. 无生命体征的被害人　　D. 刚刚逃离现场的犯罪嫌疑人

94. 保安员在保护现场的过程中，遇到某些紧急情况时应积极采取紧急措施，以达到（　　）要求。

A. 减少公民生命财产的损失，保全人证、物证，迅速获取罪证材料

B. 挽回公民生命财产的损失，保全人证、物证，迅速获取罪证材料

C. 减少公民生命财产的损失

D. 保全人证、物证，迅速获取罪证材料

95. 现场保安员在民警到达现场后，必须向民警报告情况的要点有（　　）。

A. 案件发生、发现的时间

B. 群众对案件的议论、反应

C. 保护现场的时间

D. 事主、被害人、发现人、报案人的基本情况

96. 保安员在保护室内现场的同时，要注意发现和保护违法犯罪分子（　　）。

A. 来去现场的室外出入通道

B. 来去途中遗留的痕迹和物品

C. 外围现场的血迹和赃物

D. 来去现场的室外出入路线、来去途中遗留的痕迹和物品

97. 保安员在保护室内现场的同时，要注意发现和保护的事项不包括（　　）。

A. 室内现场的脚印　　B. 来去途中遗留的痕迹和物品

C. 外围现场的血迹和赃物　　D. 来去现场的室外出入路线

98. 保安员保护室内现场，常用的封闭现场方法是（　　）。

A. 布置警戒　　B. 绕以绳索

C. 布置警戒，绕以绳索　　D. 布置警戒，绕以绳索，设置人墙

99. 保安员保护室内现场，常用的封闭现场方法不包括（　　）。

A. 布置警戒　　B. 绕以绳索

C. 出入口布置岗哨　　D. 设置人墙

100. 保安员保护室内现场，遇大风暴雨需封闭门窗时，不能用手触摸、碰动（　　）的说法不正确。

A. 门窗表面　　B. 门窗把手　　C. 门窗玻璃　　D. 门窗锁扣

101. 室内现场的保护，通常是把出事的房间和室外进出该房间的路线，以及可能遗留有犯罪痕迹、物品的场所一起封锁起来，采取的措施中不包括（　　）。

A. 布置警戒　　B. 绕以绳索

C. 现场门口贴上封条　　D. 禁止一切无关人员入内

102.（　　）的保护，通常是把出事的房间和室外进出该房间的路线，以及可能遗留有犯罪痕迹、物品的场所一起封锁起来，布置警戒，或者绕以绳索，禁止一切无关人员入内。

A. 室外现场　　B. 中心现场　　C. 室内现场　　D. 外围现场

103. 保安员保护室外现场，警戒范围已经确定实施，下列（　　）做法正确。

A. 任何情况下不得变更　　B. 现场保安员可予变更

C. 现场保卫组织领导可予变更　　D. 现场民警可予变更

104. 如果室外现场处于交通要道上，必须实施（　　）措施。

A. 车辆、行人绕道

B. 车辆绕道

C. 行人绕道

D. 将没有痕迹的部分划出来，让车辆、行人通行

105. 提取法是指在保护现场过程中，用适当的方法将特定的痕迹物品进行提取的一种方法。这种方法适用于现场（　　）。

A. 室外痕迹　　B. 室内物品

C. 细小物品和贵重物品　　D. 分布散乱的物品

106. 保安员在保护现场过程中，对于现场物品，在（　　）情况下可以移动。

A. 急救人命、排除险情、抢救财物　　B. 急救人命、排除险情、事主要求

C. 急救人命、排除险情　　D. 急救人命、事主要求

107. 保安员在保护现场过程中，对于现场物品，在（　　）情况下不可以移动。

A. 急救人命　　B. 排除险情　　C. 抢救财物　　D. 事主要求

108. 保安员在保护现场过程中，对于必须移动的物品，在拿取时应选择（　　）部位，以免破坏原有的痕迹或留下自己的痕迹。

A. 端头　　B. 中间　　C. 适当　　D. 方便移动

109. 遮盖法是指在犯罪痕迹、物品上用一定的物品进行遮盖保护的方法，这种方法主要适用于（　　）现场痕迹、物品的保护。

A. 凶杀犯罪　　B. 枪击犯罪　　C. 室外　　D. 室内

110. 案发在铁路或公路干路上的犯罪现场，常用（　　）法保护现场。

A. 提取　　B. 转移　　C. 遮盖　　D. 警戒

111. 保安员在保护现场过程中，对于悬挂的人体，有救活希望的，应该（　　）。

A. 立即解开绳索

B. 立即用剪刀从被勒颈部的侧面剪断绳索

C. 立即用剪刀从被勒颈部的后面剪断绳索

D. 立即用剪刀从被勒颈部的前面剪断绳索

112. 保安员在保护现场过程中，对于烈日暴晒或将受雨淋、雪盖的尸体正确的保护方法是（　　）。

A. 塑料布覆盖　　B. 芦席覆盖　　C. 棉布覆盖　　D. 纸张覆盖

113. 关于刑事犯罪现场保护作用，正确说法是（　　）。

A. 现场保护的好坏间接影响现场勘查质量

B. 现场破坏包括人为破坏和自然破坏，现场保护就是防止人为破坏

C. 遭受破坏的现场不会给勘查造成困难，不影响现场信息的获取

D. 如果没有现场保护的意识，很可能无意中对现场造成破坏

114. 保安员遇有杀人现场或接群众报案，必须迅速赶赴现场，属于正确的现场处置方法是（　　）。

A. 抓捕作案人，控制嫌疑人。如果已知作案人特征、姓名及逃跑路线时，要立即组织围观群众不惜一切代价查缉抓获嫌疑人

B. 保护好尸体和痕迹、物证。不让人进入现场，不要挪动尸体，不要擦拭血迹，不要为死者整理衣着

C. 抢救受伤人员。对受伤的凶杀嫌疑人，应当控制而不是抢救，要获取嫌疑人的口供

D. 收集对案件的反映，做好询问笔录。必须有两个保安员对知情群众、报案人、发现人进行询问，并且做好询问笔录，请被询问人签名

115. 保安员遇有抢劫现场或接群众报案，必须迅速赶赴现场，属于不正确的现场处置方法是（　　）。

A. 如果发现作案人尚未逃脱，应当立即抓捕并扭送公安机关，但要注意安全

B. 在抢救受伤人员的同时，可以了解有关作案人的基本情况和作案过程

C. 对室内的抢劫现场，主要封锁住进出口

D. 抢劫现场遗留的刀棍、纽扣、手帕、手套、纸片等物，不是重要的证据，可以不保护

116. 保安员遇有放火现场或接群众报案，应当迅速赶赴现场，属于正确的现场处置方法是（　　）。

A. 如果发现引火物，在条件许可时要抢救出来，为公安机关正确断定案情提供依据

B. 保安员组织群众扑救火灾，要贯彻“救物重于救人”的原则

C. 对于有可能被烧毁的火场中的尸体，不要移动尸体，保持原始状态

D. 如果在现场发现放火嫌疑人，应当立即抓捕并将其扭送当地公安机关

117. 一旦发生爆炸案件，保安员要立即赶赴现场紧急处置，属于不正确的处置方法是（　　）。

A. 现场处置过程中，尽可能维护现场原始状态，对变动部分做出标志和记录

B. 组织灭火和排除险情，对现场的易燃易爆物品要尽一切努力将其转移到安全地带

C. 想尽一切办法从被害人和见证人的口中了解有关嫌疑人的情况

D. 对受伤的受害人，要立即组织抢救；对受伤的嫌疑人要控制，不是抢救

118. 一旦发生爆炸案件，保安员要立即赶赴现场紧急处置，属于正确的处置方法是（　　）。

A. 对现场受害人受伤，要立即组织抢救；对受伤的嫌疑人要控制，不是抢救

B. 组织灭火和排除险情时，对现场的易燃易爆物品不要搬动转移

C. 对被害人和见证人进行询问，由两名保安员协同做好笔录，请被询问人签名

D. 现场处置过程中，尽可能维护现场原始状态，对变动部分做出标志和记录

119. 对于盗窃案件，特别是重大盗窃案件，不正确的现场保护方法是（　　）。

A. 爬越的窗口、打开的箱柜、抽屉等，都要保持原状，以免留下新的痕迹。

B. 如果一定要进入室内盗窃案现场，不能靠边边角角处走动，应当走中间

C. 对散落在地面的衣物、文件、纸张和作案工具等物品，一律不准接触和移动

D. 对于犯罪嫌疑人仍然躲藏在现场及现场周围的，实施进出口控制或全方位搜索

120. 对于盗窃案件，特别是重大盗窃案件，正确的现场保护方法是（　　）。

A. 汽车后备厢被撬、车窗被砸而失窃物品的，车主应当在警方到达现场之前，洗刷车辆，清理好散落的车窗玻璃碎片

B. 如果一定要进入室内盗窃案现场，不能靠边边角角处走动，应当走中间

C. 对散落在地面的衣物、文件、纸张和作案工具等物品，一律不准接触和移动

D. 发现被盗，应当全方位清点财物，确认被盗物品及价值

121. 保安员遇有抢夺现场或接群众报案，应当迅速赶赴现场，属于不正确处置方法的说法是（　　）。

A. 立即向110报警，向其他岗位保安员报警

B. 现场保安员可以征用交通工具迅速追缉，争取尽快抓获嫌疑人

C. 嫌疑人尚未逃离抢夺案件现场，保安员应当以不计任何个人得失的勇气实施抓捕

D. 了解被抢物品的数量、特征、暗记，便于协助警方及受害人控制嫌疑人

122. 保安员遇有抢夺现场或接群众报案，应当迅速赶赴现场，属于正确处置方法的说法是（　　）。

A. 不是向110报警，而是发动群众抓获现行抢夺嫌疑人

B. 嫌疑人尚未逃离现场，赶到的保安员应当在安全的条件下进行抓捕

C. 如果作案人尚未逃远，现场保安员不可以征用交通工具开展追缉

D. 保安员不能了解被抢物品的数量、特征、暗记，这是警方的工作

123. 保安员遇有伤害案件现场或接群众报案，应当迅速赶赴现场紧急处置，不正确的方法是（　　）。

A. 对于现场发现可能死亡的受伤者，维持现状不要抢救

B. 对于被害人的抢救治疗，要采取必要的安全措施，以防范案犯继续行凶

C. 对现场上遗留的血脚印、搏斗痕迹以及散落的伤害工具、物品加以妥善保护

D. 保安员应当积极维护现场秩序，疏导围观群众，指挥交通，以免发生意外事故

124. 保安员遇有伤害案件现场或接群众报案，应当迅速赶赴现场紧急处置，正确方法的是（　　）。

A. 对于现场发现的可能死亡的受伤者，维持现状不要抢救

B. 对于被害人的抢救治疗，要采取必要的安全措施，以防范案犯继续行凶

C. 清洗现场上遗留的血脚印、搏斗痕迹，保护散落的伤害工具、物品

D. 保安员首先应当通知交通警察到现场，维持交通秩序

125. 保安员遇有寻衅滋事的团伙作案现场，应当迅速赶赴处置，属于不正确方法的是（　　）。

A. 对正在结伙斗殴的流氓分子，命令其必须放下凶器，停止殴斗，并实施抓捕

B. 有群众遭到殴打，要采取措施，救护受伤群众并且保护其人身安全

C. 对没有殴斗起来的流氓分子要宣传劝导，强行驱散

D. 寻衅滋事分子将矛头指向保安员的，保安员要避其锋芒

126. 保安员遇有寻衅滋事的团伙作案现场，应当迅速赶赴处置，正确方法的是（　　）。

A. 保安员处理团伙性寻衅滋事行为，个人安全不会受到威胁

B. 对正在结伙斗殴的流氓分子，命令其必须放下凶器，停止殴斗，并实施抓捕

C. 对没有殴斗起来的流氓分子，不在保安管理范围之内，不要宣传劝导，不要强行驱散

D. 寻衅滋事分子将矛头指向保安的，保安员要避其锋芒

本章测试题答案

一、判断题

1. ×　2. ×　3. √　4. √　5. √　6. ×　7. √　8. √

9. √ 10. √ 11. √ 12. √ 13. √ 14. √ 15. √ 16. √
17. × 18. √ 19. √ 20. × 21. × 22. √ 23. × 24. ×
25. √ 26. × 27. √ 28. × 29. × 30. × 31. × 32. ×
33. × 34. × 35. √ 36. × 37. × 38. × 39. × 40. √
41. × 42. × 43. √ 44. × 45. √ 46. √ 47. × 48. √
49. × 50. × 51. √ 52. × 53. × 54. √ 55. √ 56. ×
57. × 58. × 59. × 60. √ 61. √ 62. × 63. √ 64. ×
65. × 66. × 67. × 68. √ 69. √ 70. √ 71. √ 72. √
73. √ 74. × 75. × 76. × 77. × 78. ×

二、单选题

1. D 2. B 3. D 4. C 5. C 6. B 7. A 8. A
9. A 10. B 11. A 12. A 13. B 14. D 15. D 16. A
17. D 18. A 19. A 20. B 21. D 22. A 23. B 24. B
25. C 26. B 27. B 28. A 29. C 30. A 31. A 32. A
33. B 34. A 35. C 36. B 37. B 38. A 39. B 40. C
41. D 42. A 43. D 44. A 45. B 46. B 47. C 48. D
49. C 50. B 51. C 52. A 53. A 54. A 55. A 56. C
57. B 58. C 59. D 60. C 61. A 62. A 63. A 64. D
65. A 66. B 67. A 68. A 69. A 70. C 71. A 72. A
73. C 74. D 75. B 76. A 77. C 78. B 79. D 80. C
81. D 82. B 83. D 84. B 85. A 86. B 87. C 88. D
89. D 90. A 91. D 92. B 93. C 94. A 95. A 96. D
97. C 98. C 99. D 100. A 101. C 102. C 103. D 104. D
105. C 106. A 107. D 108. C 109. C 110. B 111. B 112. C
113. D 114. B 115. D 116. A 117. D 118. D 119. B 120. C
121. C 122. B 123. A 124. B 125. A 126. D

第3章

保安员简易防卫术

3.1　简易防卫术概述

3.2　应对徒手袭击的自卫术

3.3　应对持械袭击的应急自卫术

3.4　应对突然持械袭击的空手自卫术

3.1 简易防卫术概述

3.1.1 简易防卫术的目标

简易防卫术适用于保安员上岗培训，主要有两大目标，一是易学易用，无基础的人员能够在短时间内学会；二是满足自卫，避免被人一推就倒，一拉就走，一打就伤。

3.1.2 简易防卫术的特点

1. 专注自己，柔性防卫

没有攻击性动作，采用以柔克刚的技法实现防卫，避免误伤。

2. 易学实用，短期掌握

以人体习惯动作为基础，降低学习难度，便于无基础的人员短期内掌握和运用。

3. 语言劝导，贯穿始终

在应用防卫技法的同时，必须同时用语言劝导袭击者，努力降低事件危害。

3.1.3 简易防卫术的原则

1. 动作防卫与语言劝导警告同步。
2. 应对徒手袭击时，应强调保持距离和防护要害结合，尽量不要攻击对方。
3. 应对持械袭击时，应强调保持距离和以物对械结合，尽量不要空手应对。

3.2 应对徒手袭击的自卫术

3.2.1 应对徒手袭击的策略

徒手袭击的危险度划分如下：

轻度袭击——谩骂、推搡等行为，致人伤害程度较轻。

中度袭击——猛推、拉扯、扇打等动作，没有致命危险，但是可能致人重伤。

重度袭击——使用拳、脚、膝、肘等击打性地击裆、太阳穴、后脑、胸口等处的动作，有致命危险。

1. 应对轻度袭击的策略

语言劝导安抚为主，身体姿势为劝戒势，保持距离，骂不还口，绝不出手。

2. 应对中度袭击的策略

劝导的同时适度大声警告，身体姿势转变为警示势，尽量保持距离，骂不还口。报警，往后退、闪避时可用拨、挡等纯自卫手法。

3. 应对重度袭击的策略

大声警告其停止袭击，尽量保持距离，骂不还口，下蹲自保，当下蹲后，对方的袭击没有停止，可出手推离，报警。

3.2.2 应对中度袭击的自卫术

应对中度袭击的自卫术可以使保安员遇到推搡时能够及时化解危险，并继续坚守工作岗位。

1. 防推搡

【动作名称】左右拨挡。

【动作应用】当对方用手推击我方肩胸部时，可用本式化解其推击，实现小力胜大力，使自己不被对方推开或推倒，并继续坚守工作岗位。

【动作顺序】以右手右脚在前为例说明。

【动作分解与要领】

(1) 起始势：右劝戒势。

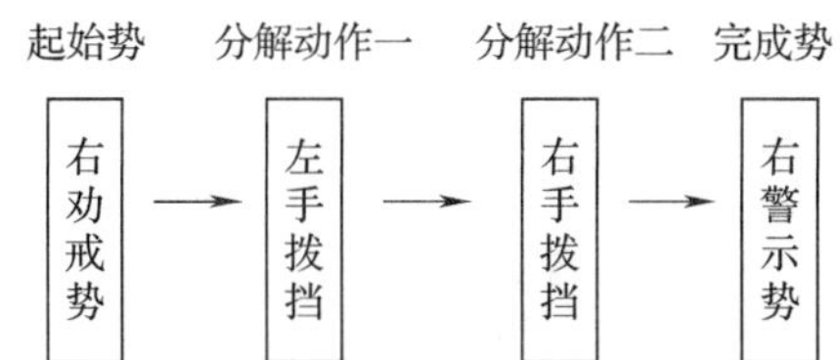

1）示意图：

2）要领：全身放松，掌心向下表示安抚之意，强调语言劝导安抚。

（2）分解动作一：左手拨挡

1）场景：当对方右手欲用力前推我方肩胸部时，我方做防卫动作。

2）示意图

①全景：

②近景：

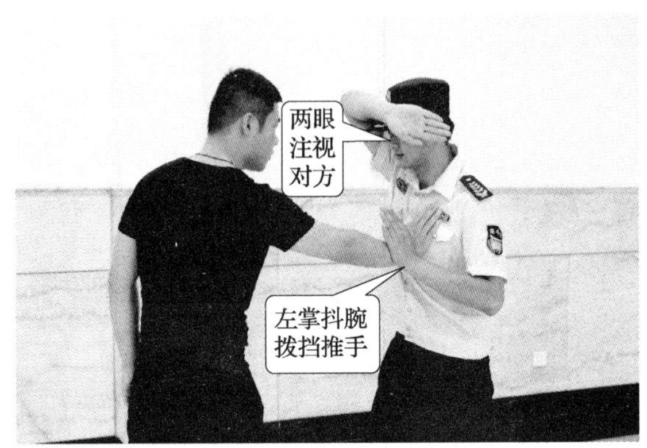

3）要领：手腕抖动要轻巧、快速，以掌拨挡对方推击。

（3）分解动作二：右手拨挡。

1）场景：当对方右手被挡开后，又伸左手再欲前推我方肩胸部时，我方做防卫动作。

2）示意图

①全景：

②近景：

3）要领：手腕抖动要轻巧、快速，以掌拨挡对方推击。

重复以上动作就能化解对方连续对我方肩胸部的推击。

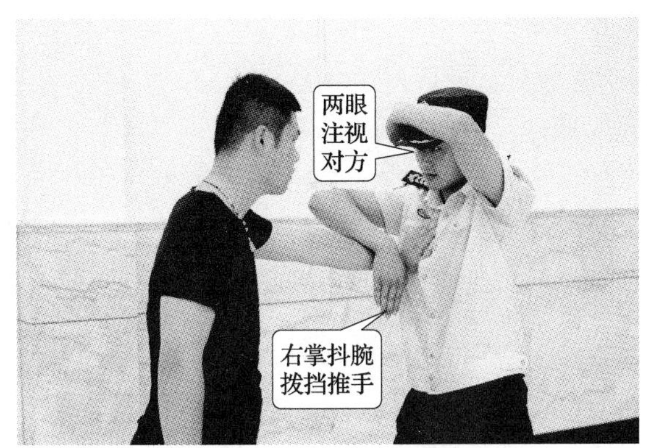

(4) 完成势：摆脱对方推搡后，我方应保持警示势后退，并大声警告“请后退”。

示意图：

2. 防拉拽

防拉拽术可以使保安员摆脱袭击者的拉拽，防止被人一拉就走，使其能够坚守工作岗位。

【动作名称】伸屈解脱。

【动作应用】使用本法可以摆脱对方拉拽双手，保持身体平衡，继续坚守工作岗位。

【动作顺序】以右手右脚在前为例说明。

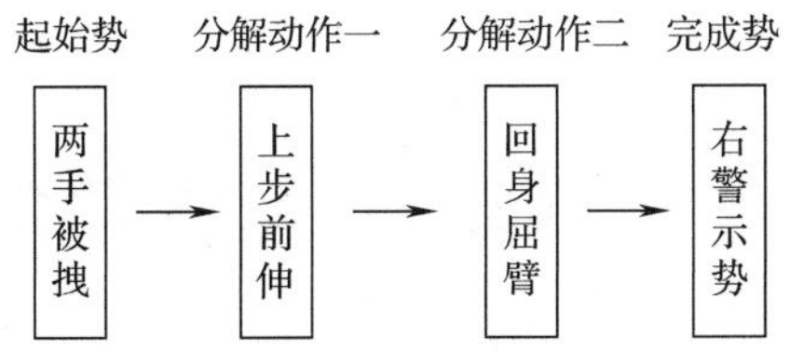

【动作分解与要领】

（1）起始势：两手被拽。

1）场景：对方情绪激动，突然拉拽我方双手。

2）示意图：

（2）分解动作一：上步前伸。

1）场景：当对方抓住我方的两臂并向后拉拽时，我方即做摆脱动作。

2）示意图：

3）要领：上步和手臂前伸要快速、协调，要顺着对方拉拽方向。

（3）分解动作二：回身屈臂。

1）时机：当对方愣神时，我方即做回收动作。

2）示意图：

3）要领：身体左转、左脚退步和屈臂回收要快速、协调。

(4）完成势：摆脱对方拉拽后即可后退，并还原警示势，并大声警告“请后退”。

示意图：

3. 防扇脸

【动作名称】护头护裆。

【动作应用】当袭击者欲扇脸、并拉拽衣领时，使用本法可以化解，免受伤害。

【动作顺序】以右手右脚在前为例说明。

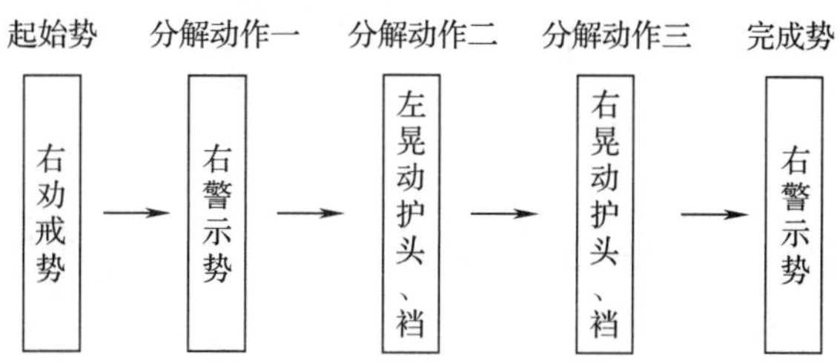

【动作分解与要领】

（1）起始势：右劝戒势。

1）场景：对方情绪激动，我方劝导。

2）示意图：

3）要领：全身放松，掌心向下表示安抚之意，强调语言劝导安抚。

（2）分解动作一：右警示势

1）场景：对方举手威胁，我方以警示势后退，并大声警告“请后退”。

2）示意图：

3）要领：后退要迅速，警告要大声。

（3）分解动作二：左晃动护头、裆。

1）时机：当对方上步抓住我方衣领，欲扇脸时，我方做防卫动作。

2）示意图

①全景：

②近景：

3）要领：抬手、护裆，晃身要快速、协调。

（4）分解动作三：右晃动护头、裆。

1）场景：接上一动作，我方做向右晃身动作，防卫对方的连续攻击。

2）示意图

①全景：

②近景：

3）要领：右晃身接左晃身要快速、协调。

（5）完成势：防住对方袭击后，我方即快速后退，还原警示势，并大声警告“请后退”。

示意图：

4. 防护委托人

【动作名称】警示阻挡。

【动作应用】当对方靠近委托人时，我方插入两者之间，用警示势面对对方，将委托人挡在身后，大声警告“请后退”。

【动作顺序】以右手右脚在前为例说明。

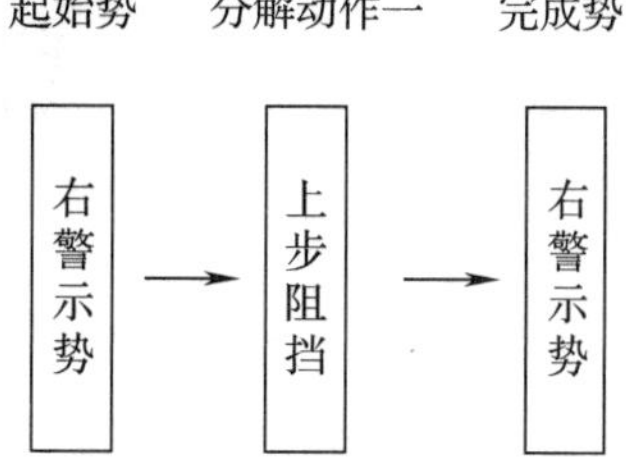

【动作分解与要领】

(1) 起始势：右警示势。

1) 场景：对方威胁委托人，我方以警示势警告。

2) 示意图：

3) 要领：全身放松，大声警告。

(2) 分解动作：上步阻挡。

1) 时机：当对方靠近委托人时，我方上步到两者之间。

2) 示意图：

3）要领：抬手、上步要快速、协调。

（3）完成势：右警示势。

1）时机：移动到两者之间以后。

2）示意图：

3）要领：转身要快速、协调。

3.2.3　应对重度袭击的自卫术

拳脚击打属于重度袭击，应对时必须保护自身重要部位，免受重伤。同时首选后退；其次原地晃动后撤离；再次下蹲后撤离；最次卧倒。

1．后撤

【应用说明】应对对方拳打脚踢，我方可连续撤步，以保持距离；同时两手护头、裆，保护要害。

【动作顺序】以右手右脚在前为例说明。

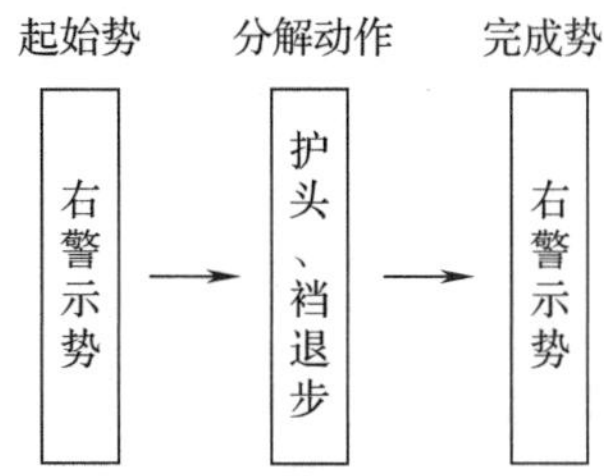

【动作分解与要领】

（1）起始势：右警示势。

1）场景：对方靠近，有动手袭击的意图。

2）示意图：

3）要领：全身放松，两手合“十”字形意在警示，大声警告“请后退”。

（2）分解动作：护头、裆退步。

1）场景：当对方开始出拳攻击时，我方应先以退步回避其气势。

2）示意图：

3）要领：保持身体平衡，冷静观察。

（3）完成势：离开对方攻击范围后，我方应保持警示势，并大声警告“请后退”。

示意图：

2．晃身

【应用说明】面对对方的拳打脚踢，如果我方来不及撤步保持距离，可在原地护头、裆，同时不断左右前后晃动上身，躲过开始阶段的击打。

【动作顺序】以右手右脚在前为例说明。

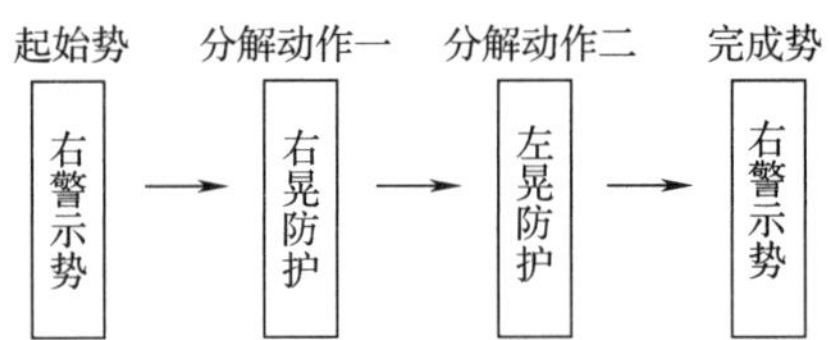

【动作分解与要领】

（1）起始势：右警示势。

1）场景：对方靠近，摆出袭击架势；我方大声警告“请后退”。

2）示意图：

3）要领：全身放松，警告要大声。

（2）分解动作一：右晃防护。

1）场景：当对方开始出拳脚攻击时，我方如果来不及后撤，则原地防卫。

2）示意图

①全景：

②近景：

3）要领：晃动时保持身体平衡，右移半步与晃动要协调，不要闭眼，寻找空隙后撤。

（3）分解动作二：左晃防护。

1）场景：当对方开始出拳脚攻击时，我方如果来不及后撤，则原地防卫。

2）示意图

①全景：

②近景：

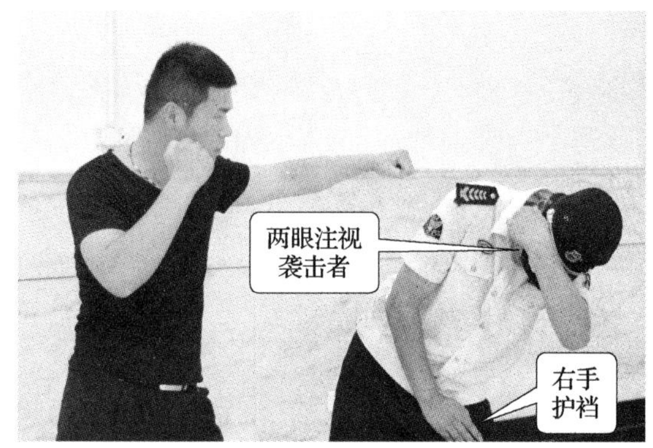

3）要领：晃动时保持身体平衡，不要闭眼，寻找攻击空隙后撤。

（4）完成势：当防住对方袭击后，我方应还原警示势，并大声警告“请后退”。

示意图：

3. 下蹲

【应用说明】面对对方的拳打脚踢，如果我方来不及撤步保持距离，也可原地两手护头下蹲，同时大声呼喊救援。

【动作顺序】以右手右脚在前为例说明。

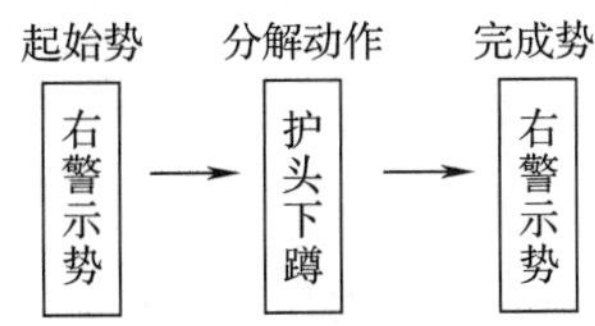

【动作分解与要领】

（1）起始势：右警示势。

1）场景：对方靠近，摆出袭击姿态，我方警示势应对。

2）示意图：

3）要领：全身放松，警告要大声。

（2）分解动作一：护头下蹲。

1）场景：当我方后退速度跟不上对方出拳速度时，可就地下蹲躲避。

2）示意图：

3）要领：上身下蹲时要保持身体平衡，两腿要并拢护裆。

（3）完成势：下蹲躲过袭击后，我方应立即后退，还原警示势，并大声警告“请后退”。

示意图：

4．卧倒

【应用说明】面对对方的拳打脚踢，如果我方来不及撤步保持距离，并被打中，或下蹲后被打中，应原地向后转体，两手护头卧倒，同时大声呼喊救援。

【动作顺序】以右手右脚在前为例说明。

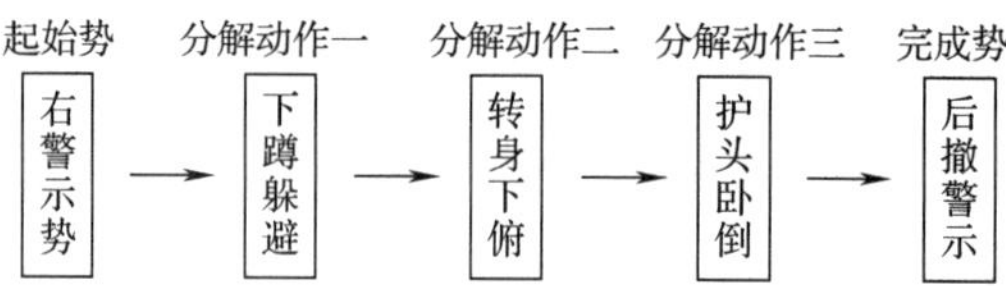

【动作分解与要领】

（1）起始势：右警示势。

1）场景：对方靠近，摆出袭击的姿势。

2）示意图：

3）要领：全身放松，警告要大声。

（2）分解动作一：下蹲躲避。

1）场景：当对方攻击速度快于我方退步速度时，我方立即下蹲躲避。

2）示意图：

3）要领：上身下蹲时要保持身体平衡，两腿要并拢护裆。

（3）分解动作二：转身下俯。

1）场景：当对方踢腿，而我方来不及后退时，我方立即转身下俯。

2）示意图：

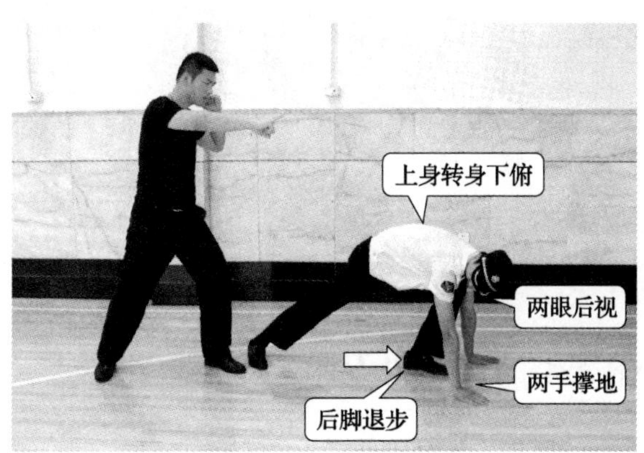

3）要领：后转时保持身体平衡，两臂撑地要与后转同步。

（4）分解动作三：护头卧倒。

1）场景：紧接上式，两手护头，全身卧倒。

2）示意图：

3）要领：左腿伸直、两肘撑地要协调同步。

（5）完成势：后撤警示。

1）场景：躲过袭击后，我方立即起身后撤，并以警示势大声警告“请后退”。

2）示意图：

3）要领：卧倒后起身要快，要出乎对方意料；警告要大声。

3.3 应对持械袭击的应急自卫术

面对有人持械袭击，保安员应及时闪避，与其保持安全距离，并就近使用物品抵御攻击。不到万不得已，不鼓励徒手与持械袭击者搏斗。

3.3.1 应对持械袭击的处置策略

保安员遇到持械袭击行为时，可按照如下原则和步骤处置。

1. 保持距离、边退边劝

在面对持械袭击者时，保安员按以下步骤处置：

以警示势后退，边退边注视对方动向，做好防卫准备；同时用语言劝导对方冷静；用余光寻找可用于防卫的物品，尽量不要空手面对持械袭击。

2. 以物对械、椅瓶扔物

不要空手应对持械袭击，提倡使用物品抵御持械袭击。保安员在选择物品自卫时，选择次序如下：

首选是椅子，其次是保温瓶、灭火器，紧急时也可以用桌面的小物件扔向袭击者，以延缓其速度。

3.3.2 使用椅子应对持械袭击的自卫术

椅子是保安员常用的物品，且兼备盾牌、短棍、叉子等功能，是对付持械袭击的有效武器。

持椅势——以右手为主力手为例，双手持椅的方法和身体姿势如下：

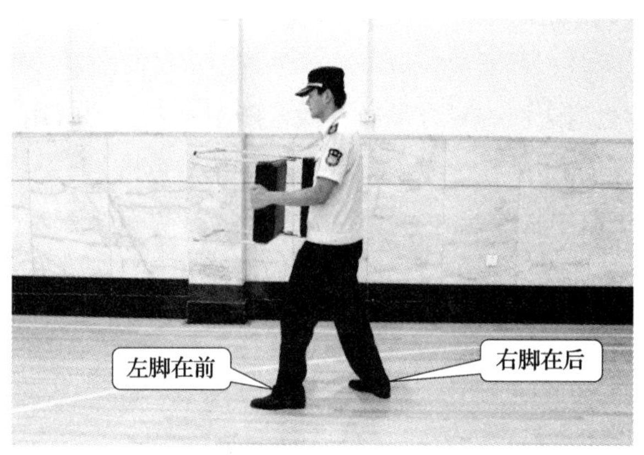

持椅自卫技法：

【动作名称】斜顶旋推。

【动作顺序】

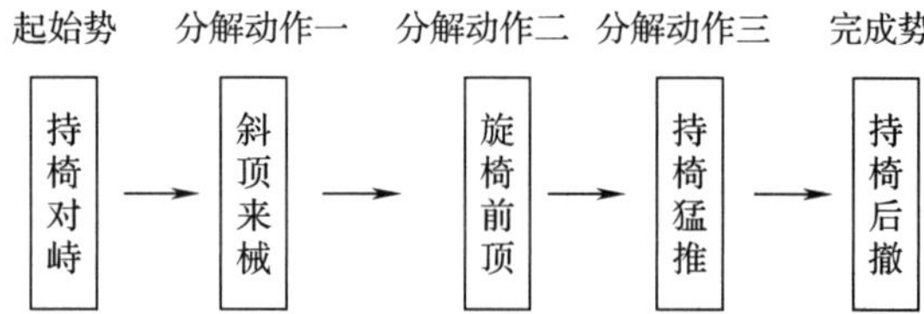

【动作分解与要领】

（1）起始势：持椅对峙。

1）场景：我方以持椅势对峙。

2）示意图：

（2）分解动作一：斜顶来械。

1）场景：当对方持械从正面劈、刺、扫攻击我方，即做防卫动作。

2）示意图

①全景：

②近景：

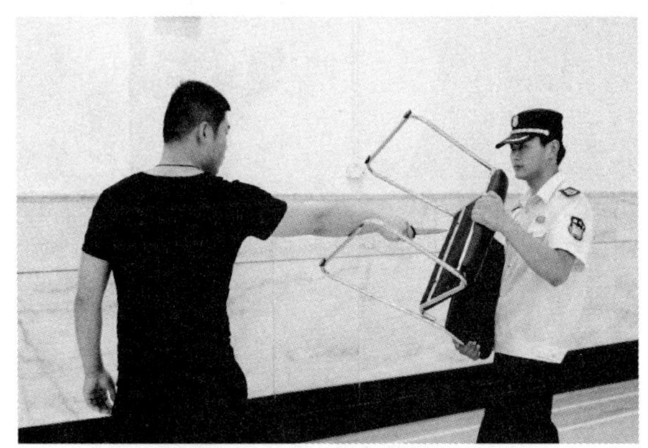

3）要领：椅座底面要与凶器成斜向，要向前顶撞凶器。

（3）分解动作二：旋椅前顶。

1）场景：持椅顶住了来袭凶器后，即左右旋转椅子向前顶撞，使对方不能连续攻击。

2）示意图

①左旋全景：

②左旋近景：

③右旋全景：

④右旋近景：

3）要领：要不停旋转椅子，以使椅座底面紧紧卡住对方的凶器。要不停向前顶撞，使其后仰，不让其站稳。前顶与旋转要协调一致，使其不能连续攻击。

（4）分解动作三：持椅猛推。

1）场景：当对方忙于从旋转的椅座中抽出凶器时，我方突然上步发力猛推。

2）示意图：

3）要领：发力时，手脚要协调。

（5）完成势：持椅后撤。

1）场景：当对方被推后忙于站稳时，我方即快速后撤，并大声警告其“后退”。

2）示意图：

3）要领：后撤要快，与前推衔接要紧凑。

3.3.3　使用其他日用品应对持械袭击的自卫术

在没有椅子等有效抵御武器或来不及后撤时，也可以使用其他物品回击持械袭击，主要有如下物品可以使用：烟灰缸、茶杯、笔筒等桌面摆设品。当面临袭击行为时，保安员可以将以上桌面摆设品扔向袭击者（头部或其他部位），迫使其做出防护动作，减缓其攻击速度。

保安员也可以用灭火器和保温瓶应对袭击，喷撒灭火液和热水，能有效抵御或减弱袭击。

3.4　应对突然持械袭击的空手自卫术

本技法可使保安员在遇到突然的持械袭击或闪避不及时，避免被伤害。

3.4.1　应对刺扫的自卫术

当持械袭击者以刺扫袭击时，可用以下技法应对。

【动作名称】下压横推。

【动作应用】当袭击者直刺或横扫胸腹时，可使用本法应对。由于对方持械手在我方手下方，所以采用下压并向侧方推开，使其不能伤害我方，然后回击与撤离。

【动作顺序】以右手右脚在前为例说明。

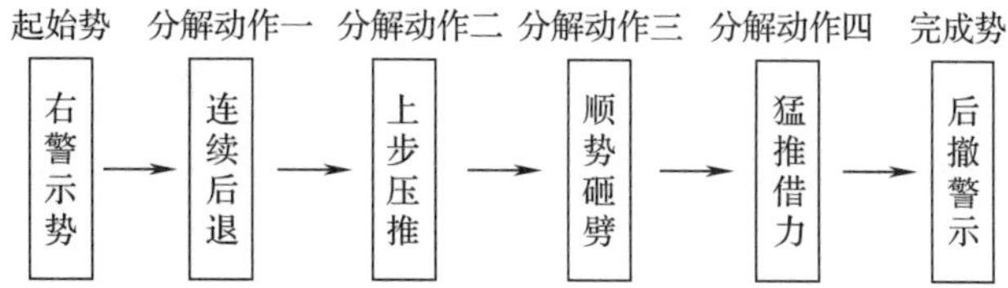

【动作分解与要领】

（1）起始势：右警示势。

1）场景：持械袭击者靠近，我方以警示势站立，并大声警告“后退”。

2）示意图：

（2）分解动作一：连续后退。

1）场景：当对方开始持械攻击时，我方应先以连续退步回避其气势，观察其破绽，寻找反击时机。

2）示意图：

要领：贴地后退；保持身体平衡，身体不要有太大起伏；冷静观察。

（3）分解动作二：上步压推。

1）场景：当对方继续跟进攻击时，我方突然上步下压、侧推其持械手。

2）示意图

①上步下压：

要领：上步、下压协调一致。

②拧身侧推：

要领：进步时要保持身体平衡，要把对方持械手推到侧面，远离自己身体位置。

（4）分解动作三：顺势劈砸。

1）场景：紧接上面的动作，我方即用掌劈砸其持械手。

2）示意图

①全景：

②近景：

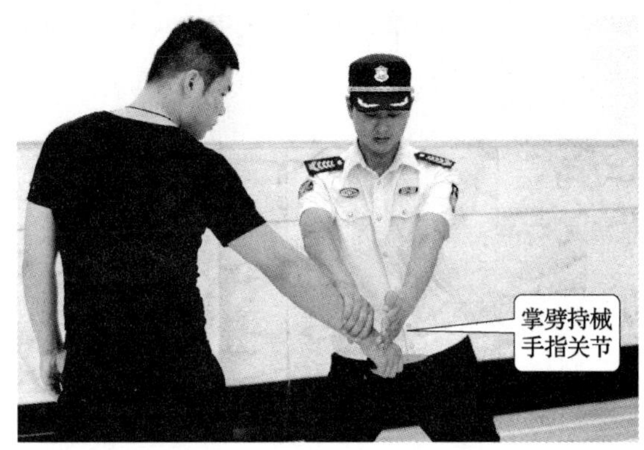

3）要领：劈砸要快要准，力争将凶器打落。

（5）分解动作四：猛推借力。

1）场景：当对方的注意力集中在持械手且被我方重击后，我方双手猛推其胸部。

2）示意图：

3）要领：前推时手脚发力要快速、协调。

（6）完成势：后撤警示。

1）场景：我方借前推的反弹力后退，还原警示势，并大声警告“后退”。

2）示意图：

3）要领：后撤要快，与前推衔接要紧凑。

3.4.2　应对劈砸的自卫术

当持械袭击者以劈砸袭击时，可用以下技法应对。

【动作名称】上架横推。

【动作应用】当袭击者持械劈砸保安员时，可使用本法应对。由于对方持械手在我方手上方，所以采用上架并向侧方推开，使其不能伤害自己，然后回击和撤离。

【动作顺序】以右手右脚在前为例说明。

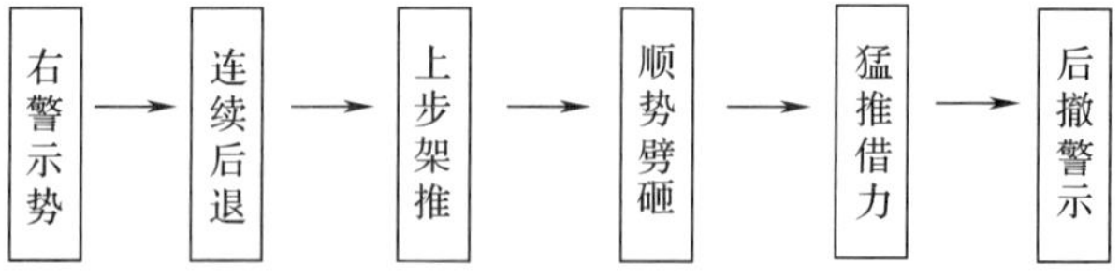

【动作分解与要领】

（1）起始势：右警示势。

1）场景：持械袭击者靠近保安员。

2）示意图：

（2）分解动作一：连续后退。

1）场景：当对方攻击时，我方应连续退步回避其气势，观察其破绽，寻找反击时机。

2）示意图：

3）要领：保持身体平衡，身体不要有太大起伏，冷静观察。

（3）分解动作二：上步架推

1）场景：当对方跟进要劈击时，我方应看准时机突然上步，上架其持械手腕。

2）示意图

①进步上架：

要领：突然；上步、上架要协调一致。

②拧身侧推全景：

要领：拧身、侧推要协调一致。

③拧身侧推近景：

要领：进步时要保持身体平衡，要把对方持械手推到侧面，远离自己身体位置。

（4）分解动作三：顺势劈砸。

1）场景：当对方持械手被推到左侧，我方马上用掌劈砸其持械手。

2）示意图

①全景：

②近景：

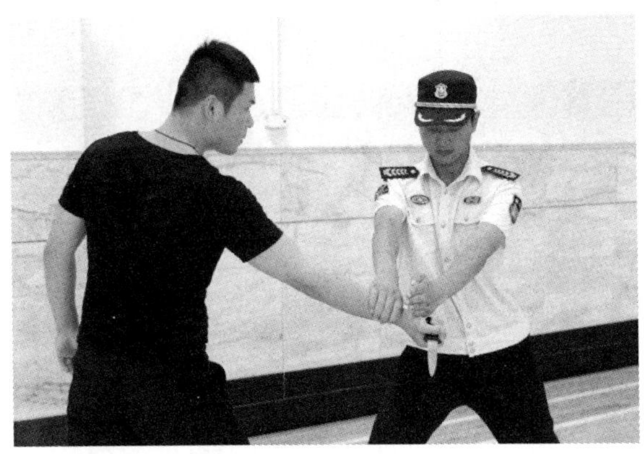

3）要领：劈砸要快要准，力争将凶器打落。

（5）分解动作四：猛推借力。

1）场景：当对方的注意力集中在持械手时，我方两手猛推其胸部，并借力后撤。

2）示意图：

3）要领：前推时，手脚发力要快速、协调。

（6）完成势：后撤警示。

1）场景：我方借前推的反弹力后退，还原警示势，并大声警告“后退”。

2）示意图：

3）要领：后撤要快，与前推衔接要紧凑。

理论知识考试模拟试卷及答案

重点安保人防（学校）理论知识试卷

注 意 事 项

1. 考试时间：90 min。
2. 请首先按要求在试卷的标封处填写您的姓名、准考证号和所在单位的名称。
3. 请仔细阅读各种题目的回答要求，在规定的位置填写您的答案。
4. 不要在试卷上乱写乱画，不要在标封区填写无关的内容。

	一	二	总分
得　分			

得　分	
评分人	

一、判断题（第1题～第35题。将判断结果填入括号中。正确的填"√"，错误的填"×"。每题1分，满分35分）

1. 上学、放学期间，校门打开后，保安甲某的站位被学校老师评价为正确，保安员乙某的站岗位置没有得到肯定，保安员甲某的位置是门卫室门口。（　　）

2. 开启校门后，保安员有许多工作任务，其中有的保安员站立在校门外侧，负责疏导人流，维持交通秩序。（　　）

3. 保安员在校门站岗时，目不转睛观察进出校门口的学生，督察人员认为该保安员观察区域及对象不全面，观察区域应当是校门外10米范围内的安全情况。（　　）

4. 某小学校门口，下午放学的时候，机动车、非机动车乱停现象一直比较严重，为疏导交通，保安员的正确做法是劝其驶离。（ ）

5. 中小学幼儿园实行安全封闭式管理，保安员在校门管理中，正确的做法是大门紧闭、小门虚掩。（ ）

6. 校园门卫室保安员接待来访人员，正确的操作流程是：开门询问，访客登记，联系确认，开门放行。（ ）

7. 暑假期间学校教学楼大修，大修人员首次进入校园或者携带物品离开校园，保安员应当清点进场人员数量，检查携带物品，离场时，查验携带工具物品。（ ）

8. 有住宿生的学校每逢新学年开学，学生会收到大量快递，保安员面对大量快递，比较合适的做法是堆在门卫室让学生自己来拣。（ ）

9. 学校因教学或装修需要，使用易燃易爆材料，必须经保安员同意，并由施工队派专人负责管理。（ ）

10. 某日中午，一中学生称下午上课的课本没带，要求回家拿，保安员凭班主任当日签发的出门条，准予放行。（ ）

11. 夜幕降临时，某非住宿制中学保安员应劝离滞留学生，开启通道照明、周界设防，进行全面巡检。（ ）

12. 某中学上课时间，保安员小张在楼面巡逻，门卫室消防控制柜上的声光显示报警，门卫保安员小王根据报警显示地址代码，确认具体位置，立即到场查看处置。（ ）

13. 六一儿童节当天，幼儿园正在举行庆祝活动，一记者来到幼儿园要求采访园长，保安员应查看证件，联系园长，经园长允许后，登记放行。（ ）

14. 保安员进行消防硬件设备设施检查，发现灭火器已过有效期，采取的措施是将情况记录在案。（ ）

15. 夜间巡逻到计算机房、办公室、财务室等重点区域时，保安员小李不恰当的方法是停、听、看、闻、摸。（ ）

16. 学校在暑假期间有施工任务，其中拆除栏杆需要明火作业，此类施工现场，保安员应当核对动火单、明火操作证和作业人员身份证件。（ ）

17. 上课期间，学校某教室门口，一位学生家长与老师发生争执，教室内学生看着双方争论，保安员老徐巡逻时发现这一情况，立即上前制止，并要求家长当即离开教室。（ ）

18. 某中学保安员小戴，上午在校园内巡查，突然一声沉闷的巨响，他循声跑去，只见教学楼旁一女生躺在血泊之中，附近操场上正在上体育课的学生看到此情景非常惊慌，现场有点混乱。此时小戴第一时间应该打110报警电话。（　）

19. 某日下午，一名持刀男子在砍杀了某家两口人之后，又来到某小学附近马路上大刀阔斧地伤害路人。此时正值小学放学，大部分学生已经离开学校，一部分学生走在男子砍人的路上，男子持菜刀砍伤多人，其中有成人和学生。马路上气氛异常紧张，小学保安员发现险情后，向附近最危险的现场施救。（　）

20. 上午7点半，某小学门口聚集的学生等待开门，这时候一歹徒持刀冲进人群杀人，现场极其惨烈，施暴歹徒刺杀数名学生后意犹未尽，朝人群更多的地方追赶，意欲继续行凶。此时，学校保安员老吴发现惨情，立即使用工具逼近歹徒击打刺压。（　）

21. 全方位观察法是指保安员在执勤过程中，对自己视听所及的范围进行全面的重点观察。（　）

22. 从对方谈话中使用的方言判断其大致生活或居住的地区，能有效地识别流窜犯罪或通缉在逃犯罪嫌疑人。（　）

23. 学校内可疑人一般特征是：问话时搪塞、漏洞百出，行动诡秘，视线躲避保安员。（　）

24. 发现重大犯罪嫌疑人时，保安员千万不要急于拦截，应先报告要求支援。（　）

25. 有可能是犯罪工具和犯罪物证之物，保安员均应收缴和搜身。（　）

26. 当嫌疑车辆被拦截以后，必要时应收存其行驶证，以防逃跑。（　）

27. 保安员在遭到可疑人徒手袭击时，即使自己携有保安棍，也不要随便使用。（　）

28. 判断案件现场是否需要保护，主要看现场损害后果是否严重。（　）

29. 现场保护是指案件发生后，及时采取保护措施，使现场保持发生时的真实状态，以便为现场勘查创造有利条件。（　）

30. 闻悉案件发生后，必须迅速赶赴现场。经初步核查后，迅速向公安机关报告事主、被害人的基本情况，受到何种伤害及其程度，或者被抢、被盗财物的基本情况。（　）

31. 保安员在保护现场的过程中，应注意收集现场事主、发现人和现场周围群众的反应情况。（　）

32. 保安员在赶赴现场时，若遇到正在作案人或重大嫌疑人，应当奋不顾身地立

即将其抓获，扭送公安机关。 （ ）

33．保安员保护室内现场，常用的封闭现场方法是布置警戒，绕以绳索，设置人墙。 （ ）

34．室内现场的保护，通常是把出事的房间和室外进出该房间的路线，以及可能遗留有犯罪痕迹、物品的场所一起封锁起来，布置警戒，或者绕以绳索，禁止一切无关人员入内。 （ ）

35．保安员遇到某种紧急情况时，必须进入现场或者必须移动现场的某些物品时，保安员应当尽可能减少踩踏现场的足迹，尽量不要触摸现场的物品。 （ ）

得　分	
评分人	

二、单项选择题（第1题～第65题。选择一个正确的答案，将相应的字母填入题内的括号中。每题1分，满分65分）

1．中小学、幼儿园门卫保安员通过站岗、检查、观察等措施，发挥着校园安全第一道防线的作用，下列关于保安员的作用，说法不正确的是（ ）。

A．威慑作用　B．拒绝作用　C．发现作用　D．追捕作用

2．上学、放学期间，校门打开后，保安员甲某的站位被学校老师评价为正确，乙某的站岗位置没有得到肯定，保安员甲的位置是（ ）。

A．中心线外两侧　B．中心线内侧　C．中心线　D．门卫室门口

3．某保安员在校门口站岗时，有如下四种表现：（1）面带笑容，迎送师生；（2）有时转头观察校门周边情况；（3）去搀扶跌倒在地上的小朋友；（4）礼貌回应熟悉家长的打招呼并聊天，正确的做法是（ ）。

A．第1，2，4项　B．第2，3，4项

C．第1，2，3项　D．第1，3，4项

4．保安员在校门站岗时目不转睛观察进出校门口的学生，督察人员认为该保安观察区域及对象不全面。观察区域应当是（ ）范围内的安全情况。

A．校门内10米　B．校门口　C．校门外10米　D．校门内外50米

5．早晨打开校门迎接学生，有保安员、老师、警察同时在场守卫，如果发生突发事件，应当挺身而出的第一责任人是（ ）。

A. 校长、老师　B. 保安员、警察　C. 校长　D. 保安员

6. 有几位家长提早30分钟到校门口，在阳光照射下等待放学接孩子，他们要求学校保安员给予照顾，保安员正确的做法是（　　）。

A. 根据制度规定准时开门　B. 让家长进入门卫室等待

C. 和家长在门口聊天等待　D. 让家长到学校内长廊坐一会儿

7. 某小学地处社区之内，某次组织学生春游活动，15：30有9辆大客车回到学校，此时校门口已经有大量的学生家长等着接孩子，保安员接到通知后，应提前做好准备工作，正确做法是（　　）。

A. 开启大门，耐心等待大客车到达

B. 保安员守在校门内侧，学生到校时立刻开门

C. 确保校门口通畅

D. 提供车辆停放空间，设置人车分流隔离带，确保学生能尽快安全进校

8. 某小学校门口，下午放学的时候，机动车、非机动车乱停现象一直比较严重，为疏导交通，保安员的正确做法是（　　）。

A. 没能力管，任其停放，避免争吵

B. 刺破轮胎或上锁

C. 劝其驶离，如无效则拨打110或其他方法

D. 要求交警部门悬挂禁止停车标志

9.（　　）可以在学生上课期间，不需要经过询问、查验等手续，便能自由进出学校。

A. 教师　B. 家长

C. 陌生的教育局人员　D. 学生

10. 有一位中年男同志自称是某教师的朋友，现在来校看望老朋友，保安员在执勤时绝对不允许（　　）。

A. 打电话联系某老师　B. 直接放行

C. 因某老师在上课，请访客稍等　D. 请来人做访客登记，然后与老师核实

11. 校园门卫室保安员接待来访人员，正确的操作流程是（　　）。

A. 联系确认，隔门询问，访客登记，开门放行

B. 开门询问，访客登记，联系确认，开门放行

C. 隔门询问，联系确认，访客登记，开门放行

D. 访客登记，隔门询问，联系确认，开门放行

12. 一位学生家长给孩子送药，学校保安员问清情况后，正确的做法是（　　）。

A. 通知班主任或保健老师　　B. 直接放行

C. 请家长中午休息时间来校联系　　D. 自己去找学生

13. 保安员对进出校门的施工人员，应要求其出示（　　）。

A. 工程队工作证或出入证　　B. 身份证

C. 出入证或者居住证　　D. 临时居住证

14. 暑假期间学校教学楼大修，大修人员首次进入校园或者携带物品离开校园，保安员应当（　　）。

A. 清点进场人员数量，检查携带物品，离场时查验携带工具物品

B. 要严格控制进场的大修人员，离场时不得携带任何物品

C. 根据名单核对有效证件，登记所携带物品（工具），离场时对携带物品（工具）进行查验

D. 应查验人员名单，离场时查验携带工具

15. 有住宿生的学校每逢新学年开学，学生会收到大量快递，保安员面对大量快递，比较合适的做法是（　　）。

A. 堆在门卫室让学生自己来拣　　B. 分门别类堆放并通知领取

C. 让快递员直接送去宿舍　　D. 让快递员直接送到团委办公室

16. 学校因教学或装修需要，使用易燃易爆材料，以下关于危险物品的管理，说法正确的是（　　）。

A. 经校领导同意后办理手续进校，并由使用部门专人负责管理

B. 经施工负责人同意后办理手续进校，并由保安员专门负责管理

C. 经教学部门负责人同意后办理手续进校，并由保安员负责管理

D. 经保安员登记后办理手续进校，并由施工队派专人负责管理

17. 某中学一位学生家长称已经与班主任说好，上午两节课后带孩子去看牙，此时保安员不合适的做法是（　　）。

A. 凭班主任当日签发的出门条，方可准予放行

B. 让家长自己去教室门口等

C. 与班主任核实并由班主任陪同学生至门卫室

D. 根据学校的规定办理

18. 某日中午，一中学生称下午上课的课本没带，要求回家拿，保安员应该（　　）。

A. 凭班主任当日签发的出门条，方可准予放行

B. 学生进入学校后一律不允许出学校

C. 确认出门单经班主任和学校职能部门签字

D. 严格执行本学校的有关制度规定

19. 某校放假期间开展课桌椅、计算机和投影仪等多媒体教具置换工作，这些物品出校时，保安员应当（　　）。

A. 记录物品数量、名称后放行，开学后将记录交给总务后勤老师

B. 记录物品数量、名称、车辆牌照号，开学后交由总务后勤老师

C. 查验出门凭证签发日期，核对无误，予以放行

D. 根据出门凭证核对无误，记录车辆牌照和驾驶证信息，予以放行

20. 夜幕降临时，某非住宿制中学保安员必须做的几项工作是（　　）。

A. 劝离滞留学生，开启通道照明、周界设防，全面巡检

B. 开启周界设防、通道照明，台账记录

C. 大门上锁，检查监控照明，全面巡检

D. 劝离滞留学生，大门上锁，全面巡检

21. 门卫室受委托保管学校部分常用钥匙，某日傍晚时分，一名老师进办公室拿资料，从门卫室借用了办公室钥匙，此时，保安员的正确操作方法是（　　）。

A. 该老师进入自己办公室，不需要办理手续

B. 老师在专用记录簿签写姓名、事由、借出归还时间

C. 填写进出学校物品点验记录本，借用人签字

D. 在保安勤务记录本上注明借用人员和有关时间

22. 保安员发现监控设备不能正常使用，正确的做法是（　　）。

A. 设备表现异常，不写情况记录

B. 自己及时动手修理

C. 及时向学校有关部门报告

D. 填写记录簿，将上一页内容抄一遍

23. 某中学上课时间，保安员小张在楼面巡逻，门卫室消防控制柜上的声光显示报警，门卫保安员小王根据报警显示地址代码，正确处理的方法是（　　）。

A. 电话通知总务办公室，告知具体位置，请老师到场查看

B. 确认具体位置，立即到场查看处置

C. 进行消音复位处理，检查是否误报

D. 确认具体位置，通知保安员小张到场查看处置

24. 幼儿园保安文明服务，应当根据服务对象是幼儿的特点，做到态度温和、语言亲切，但不可采取（ ）的做法。

A. 和家长打招呼　　B. 拍小孩的脸、身体或抱小孩

C. 保持微笑　　D. 对孩子的问候礼貌应答

25. 世博会期间的一天上午，某学校学生进校期间，保安员小李正在校门口执勤，有记者来学校欲采访保安员小李，了解学校的保卫工作措施，保安员小李正确的做法是（ ）。

A. 告知本人不接待采访，请与学校安全干部联系

B. 示意正在护校执勤，不予接待，等护校结束后联系学校安全干部

C. 就地主动接受记者现场采访

D. 确认记者身份后，主动介绍本校好的做法

26. 以下物品：(1) 香烟，(2) 电动门钥匙，(3) 巡逻手电筒，(4) 访客登记表，可以放在保安员值班室的桌面上的是（ ）。

A. 第 1，2，4 项　　B. 第 2，3，4 项

C. 第 1，2，3 项　　D. 第 1，3，4 项

27. 上午上课时段，保安员发现一男士在教学大楼二楼走廊来回走动，正确处理的方法是（ ）。

A. 在执勤簿上记录异常情况　　B. 报告学校有关部门

C. 向男士查询在二楼活动目的　　D. 立即请男士离开教学大楼

28. 保安员发现一不明身份男士在教学大楼游荡，保安员上前查询的首问语句是（ ）。

A. “你找谁？”　　B. “你有事吗？”

C. “你怎么到教学楼来？”　　D. “你有什么事？需要我帮助吗？”

29. 保安员许某在夜间巡逻中发现一陌生人从教师办公室出来，手中拎着一个装有物品的布袋，涉嫌盗窃，保安员错误的做法是（ ）。

A. 喝令陌生人接受检查　　B. 报告跟踪

C. 报警或报告　　D. 保护现场

30. 保安员晚上巡逻发现教学楼拐角灯不亮，学生晚自习走路有危险，绝不可以（ ）。

A. 第二天向后勤部门报修　　B. 马上报电工修理

C. 在现场站岗提醒学生注意安全　　D. 马上报告有关责任老师

31. 保安员进行消防硬件设备设施检查，发现灭火器已过有效期，正确操作的方法是（　　）。

A. 及时向学校有关部门反映　　B. 刚过有效期能继续使用

C. 习以为常，视而不见　　D. 记录在案

32. 保安员在操场巡逻中，发现有两个学生手持利器在玩危险游戏，保安员正确的做法是（　　）。

A. 用对讲机向校方反映　　B. 上前劝说学生停止危险游戏

C. 巡逻结束向保安队长报告　　D. 询问学生班级，找班主任反映

33. 保安员在课间巡查时，发现近一阶段在楼道、楼梯口、操场，学生奔跑打闹情况增多，有几个班级学生攀爬上窗台，在单双杠上做危险动作，保安员正确的做法是（　　）。

A. 立即制止，告知危险，劝导增强安全意识

B. 立即制止，将学生驱离操场或危险区域

C. 告知班主任老师和学生家长，加强安全教育

D. 向学校报告，采取安全措施

34. 保安员小李夜间巡逻到计算机房、办公室、财务室等重点区域时，不恰当的方法是（　　）。

A. 悄悄迅速走过重点区域　　B. 停、听、看、闻、摸

C. 检查门窗是否锁闭　　D. 实施警戒

35. 保安员对校园进行夜间巡逻，以下不属于保安员工作任务的是（　　）。

A. 巡逻至学校重要部位时，强化检查

B. 外围巡逻检查围墙、电子围栏等设施是否正常

C. 检查应急灯工作状态，保持主要通道照明的开启

D. 督促滞留教师尽快离开学校

36. 放学后清校巡逻检查中的不恰当做法是（　　）。

A. 检查厕所、天台、地下室　　B. 按照规定线路走

C. 检查绿化茂密地带　　D. 检查设备机房、垃圾房

37. 有些学校夜间有私车、校车停放在校内，巡逻中应检查车辆安全停放的情况，错误的做法是（　　）。

A. 发现车窗开启的私车内有一台笔记本计算机，不能代为保管笔记本计算机

B. 透过车窗察看车内是否有人

C. 喊几下，试看是否有异常动静

D. 耳听车辆内是否有异常声音

38. 学校在暑假期间有施工任务，其中拆除栏杆需要明火作业，此类施工现场，保安员应当（ ）。

A. 及时向后勤负责人汇报，督促加强施工管理

B. 加强对施工现场的消防

C. 准备灭火器材，并在现场设置警戒区

D. 核对动火单、明火操作证和作业人员身份证件

39. 某学校学生上体育课要去马路对面的操场，保安员特别需要做的事情是（ ）。

A. 负责校门的开关

B. 示意过往车辆注意避让

C. 督促老师负责学生行路安全

D. 拉警戒绳，请过往车辆全部停下来

40. 保安员在书写巡逻执勤记录时，应该保持记录的完整清晰，书写间隔的时间（ ）。

A. 不应超过 2 小时

B. 不应超过 4 小时

C. 不应超过 6 小时

D. 不应超过 8 小时

41. 上课期间学校某教室门口，一位学生家长与老师发生争执，教室内学生看着双方争论，保安员老徐巡逻发现这一情况，正确处理的方法是（ ）。

A. 家校纠纷不是保安管理的事情，置之不理

B. 在附近守候，预防家长有暴力行为

C. 立即上前制止，并要求家长当即离开教室

D. 立即报告领导，并协助领导处理

42. 保安员发现几个学生殴打某学生，某学生鼻子流血，保安员不恰当的处理方法是（ ）。

A. 立即制止，并问清行为人及受害人所属班级

B. 迅速制止，并当场教育放行

C. 送卫生室医治，并报告学校职能部门

D. 立即通知或送交有关老师处理

43. 保安员在巡逻时，应依据违法犯罪的时间规律采用（ ）。

A. 重点观察法

B. 全方位观察法

C. 重点地点观察法　　　　　　D. 重点时段观察法

44. 保安员夜间用肉眼由（　　）观察，不易发现目标。

A. 高处向低处　　B. 低处向高处　　C. 内向外　　D. 外向里

45. 怀疑对方说谎，但又问不出具体细节，可先缓和气氛，然后（　　），可发现线索。

A. 抓住疑点　　B. 突然发问　　C. 心态平和　　D. 情绪正常

46. 保安员巡逻中发现，流窜外逃或刚刚逃离现场的案犯，（　　）的心理更加突出。

A. 行动鬼祟　　B. 神情自然　　C. 轻松愉快　　D. 紧张恐惧

47. 扒窃犯眼睛不断转动，两眼集中盯人们的衣兜、（　　），神情专一。

A. 包裹　　B. 脸颊　　C. 眼睛　　D. 手臂

48. 在学校附近不停地来回逛，（　　）的为可疑人。

A. 有意躲避保安员视线　　　　B. 到处观望

C. 主动与保安员搭讪　　　　D. 拿相机拍照

49. 学校内可疑人一般特征是：问话时搪塞、漏洞百出，行动诡秘，（　　）。

A. 两眼发直　　　　B. 视线躲避保安员

C. 漫无目的　　　　D. 东张西望

50.（　　）应使对象对进行查问的根据感到合乎情理，得到理解，目的是避免发生误会，防止激化和纠纷。

A. 合理原则　　B. 怀疑原则　　C. 距离原则　　D. 两防原则

51. 根据现场环境和违法犯罪动向，保安员经常采用"（　　）"战术方法，待其露出马脚再出击。

A. 声东击西　　B. 欲擒故纵　　C. 敲山震虎　　D. 引蛇出洞

52.（　　）会造成证据转移或可疑人员逃窜。

A. 查问太早　　B. 跟踪　　C. 盯梢　　D. 查问太晚

53. 如出现时机恰当，但地点不太理想时，应把握"（　　）"的原则。

A. 主动出击　　　　B. 时机为主、选择地点为辅

C. 掌握地点　　　　D. 合法

54. 当犯罪嫌疑人人数较多，且年轻力壮，手中可能持有凶器，有逃跑企图时，保安员可采取正面牵制，（　　）包围的方法接近。

A. 突然袭击　　　　B. 左、右两侧迂回

C. 正面接近　　D. 侧后

55. 保安员站在几个被拦截对象的（　　）进行查问最危险。

A. 前面　　B. 后面　　C. 侧面　　D. 中间

56. 以关心、友好的形式进行攀谈，寻找可疑对象言行的疑点是（　　）起问。

A. 询问　　B. 一般性询问　　C. 交谈式　　D. 盘查

57. 人与证对照主要是对照证件照片形象与持证人是否相像或同一，或（　　）。

A. 证件内所载内容与持证人陈述是否一致

B. 证件规格与图像

C. 观察特殊印记与暗记

D. 证件质地

58. 现场若反复查问不能查清疑点或越问疑点越多的情况，保安员应果断(　　)。

A. 带离　　B. 控制　　C. 搜身　　D. 报警

59. 保安员对嫌疑车辆进行查验时，应令驾驶员（　　），车上其他人员下车集中后进行查验。

A. 熄火、下车　　B. 双手抱头　　C. 下车搜身　　D. 在驾驶室

60. 群众举报或指认的可疑人，或实施现行违法犯罪行为的犯罪人员，保安员应（　　），并立即报警。

A. 先报告、后控制　　B. 先报警、后抓捕

C. 先监视、控制住　　D. 先监视、后支援

61. 在没有反击条件的情况下，保安员可采用（　　）的方法。

A. 以退为进　　B. 伺机擒获　　C. 机智周旋　　D. 摆脱控制

62. 保安员保护室外现场，警戒范围已经确定实施，下列（　　）做法正确。

A. 任何情况下不得变更　　B. 现场保安员可予变更

C. 现场保卫组织领导可予变更　　D. 现场民警可予变更

63. 保安员到达现场后，应核实现场情况的要点不包括（　　）。

A. 时间、地点，发生或者发现了的事件

B. 发生或者发现事件的简要经过和现场的梗概情况

C. 犯罪嫌疑人的人数和特征，有无凶器和交通工具，逃跑的方向

D. 事主、被害人的基本情况，被抢、被盗财物的具体数额

64. 保安员在保护现场的过程中，应注意收集现场（　　）的反应情况。

A. 事主　　B. 发现人

C. 事主、发现人　　D. 事主、发现人和现场周围群众

65. 中小学、幼儿园实行安全封闭式管理，保安员在校门管理上正确的做法是（　　）。

A. 大门紧闭、小门上锁　　B. 大门紧闭、小门常开

C. 大门留缝、小门上锁　　D. 大门紧闭、小门虚掩

理论知识考试模拟试卷参考答案

一、判断题（第 1 题 ~ 第 35 题。将判断结果填入括号中。正确的填“√”，错误的填“×”。每题 1 分，满分 35 分）

1. ×　2. √　3. ×　4. √　5. ×　6. ×　7. ×　8. ×
9. ×　10. ×　11. √　12. ×　13. √　14. ×　15. √　16. √
17. √　18. ×　19. √　20. √　21. ×　22. √　23. √　24. √
25. ×　26. ×　27. ×　28. ×　29. ×　30. √　31. √　32. ×
33. ×　34. √　35. ×

二、单项选择题（第 1 题 ~ 第 65 题。选择一个正确的答案，将相应的字母填入题内的括号中。每题 1 分，满分 65 分）

1. D　2. A　3. A　4. D　5. B　6. A　7. C　8. C
9. A　10. B　11. C　12. A　13. A　14. C　15. B　16. A
17. B　18. D　19. D　20. A　21. B　22. C　23. D　24. B
25. A　26. B　27. C　28. D　29. B　30. A　31. A　32. B
33. D　34. A　35. D　36. B　37. A　38. D　39. B　40. A
41. C　42. B　43. D　44. A　45. B　46. D　47. A　48. A
49. B　50. A　51. B　52. D　53. B　54. B　55. D　56. C
57. A　58. A　59. A　60. C　61. A　62. D　63. D　64. D
65. A

操作技能考核模拟试卷

注 意 事 项

1. 考生根据操作技能考核通知单中所列的试题做好考核准备。

2. 请考生仔细阅读试题单中具体考核内容和要求，并按要求完成操作或进行笔答或口答，若有笔答请考生在答题卷上完成。

3. 操作技能考核时要遵守考场纪律，服从考场管理人员指挥，以保证考核安全顺利进行。

注：操作技能鉴定试题评分表及答案是考评员对考生考核过程及考核结果的评分记录表，也是评分依据。

国家职业资格鉴定
重点安保人防（学校）
操作技能考核通知单

姓名：

准考证号：

考核日期：

试题 1

试题代码：1. 1. 1。

试题名称：队列——立正、稍息。

考核时间：20 s。

配分：5 分。

试题 2
试题代码：2. 1. 1。
试题名称：跳十字。
考核时间：2 min。
配分：10 分。

试题 3
试题代码：3. 1. 1。
试题名称：控制——提腕下折。
考核时间：30 s。
配分：5 分。

试题 4
试题代码：4. 1. 1。
试题名称：短保安棍盾牌进攻。
考核时间：1 min。
配分：10 分。

试题 5
试题代码：5. 1. 3。
试题名称：中学校门口发生暴恐事件模拟场景的处置。
考核时间：4 min。
配分：20 分。

重点安保人防（学校）
操作技能鉴定试题单

试题代码：1. 1. 1。

试题名称：队列——立正、稍息。

考核时间：20 s。

1. 操作条件

平坦地面一块（室外、室内均可）。

2. 操作内容

听到“立正、稍息”的口令，按要求操作。

3. 操作要求

“立正”动作要领：对脚跟、脚尖、两腿、小腹、上体、手指、头部、颈部和眼睛的要求。

“稍息”动作要领：对两腿、脚尖、上体、身体重心的要求。

重点安保人防（学校）
操作技能鉴定试题评分表及答案

考生姓名：　　　　　　　　　　　　　　准考证号：

1. 评分表

试题代码及名称	1.1.1　队列——立正、稍息			考核时间			20 s		
评价要素	配分	等级	评分细则	评定等级					得分
				A	B	C	D	E	
立正和稍息动作要求正确	5	A	全部动作正确						
		B	个别动作不正确						
		C	部分动作不正确						
		D	大部分动作不正确						
		E	放弃或缺考						
合计配分	5	合计得分							

考评员（签名）：

等级	A（优）	B（良）	C（及格）	D（较差）	E（放弃或缺考）
比值	1.0	0.8	0.6	0.2	0

“评价要素”得分 = 配分 × 等级比值。

2. 参考答案

立正：两脚跟靠拢并齐，两脚尖向外分开约60°；两腿挺直；小腹微收，自然挺胸；上体正直，微向前倾；两肩要平，头要正，颈要直，头稍向上。

稍息：左腿提跨，左脚顺脚尖方向伸出约全脚的2/3，脚尖着地，两腿自然伸直，上体保持立正姿势，身体重心大部分落于右脚。

重点安保人防（学校）
操作技能鉴定试题单

试题代码：2.1.1。

试题名称：跳十字。

考核时间：2 min。

1. 操作条件

（1）室内场地。

（2）地上画一个十字方框（1 米×1 米，见下图）。

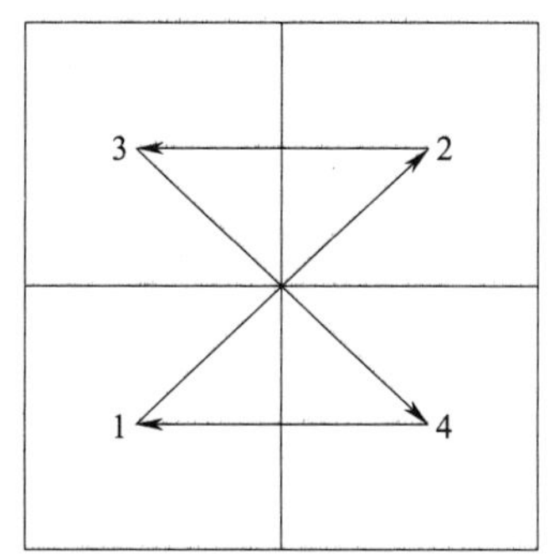

2. 操作内容

受测者在十字方格内，用站立方式，根据要求从 1—2—3—4—1 的顺序起跳。每跳回原点算一次计数，如果顺序跳错则不计数。如果踩线也不计数。

3. 操作要求

按规定顺序双脚同时跳，不能踩线。

重点安保人防（学校）
操作技能鉴定试题评分表及答案

考生姓名：　　　　　　　　　　　　　　　准考证号：

1. 评分表

试题代码及名称	2.1.1　跳十字			考核时间			2 min		
评价要素	配分	等级	评分细则	评定等级					得分
				A	B	C	D	E	
按规定顺序双脚同时跳，不能踩线	10	A	按年龄、性别对应测试标准						
		B	—						
		C	—						
		D	—						
		E	未达到规定标准						
合计配分	10	合计得分							

考评员（签名）：

等级	A（优）	B（良）	C（及格）	D（较差）	E（放弃或缺考）
比值	1.0	0.8	0.6	0.2	0

“评价要素”得分 = 配分 × 等级比值。

2. 参考答案

单位：次/分

项目 / 年龄	跳十字	
	男	女
30 岁以内	20	18
30 ~ 40 岁	18	16
41 ~ 50 岁	16	14
51 岁以上	14	12

重点安保人防（学校）
操作技能鉴定试题单

试题代码：3.1.1。

试题名称：控制——提腕下折。

考核时间：30 s。

1. 操作条件

平坦地面一块（室外、室内均可）。

2. 操作内容

听到“提腕下折”的口令，按要求操作。

3. 操作要求

推抓准确，回按有力。

重点安保人防（学校）操作技能鉴定试题评分表及答案

考生姓名：　　　　　　　　　　　　准考证号：

1. 评分表

<table>
<tr><td colspan="4">3.1.1　控制——提腕下折</td><td colspan="3">考核时间</td><td colspan="3">30 s</td></tr>
<tr><td rowspan="2">评价要素</td><td rowspan="2">配分</td><td rowspan="2">等级</td><td rowspan="2">评分细则</td><td colspan="5">评定等级</td><td rowspan="2">得分</td></tr>
<tr><td>A</td><td>B</td><td>C</td><td>D</td><td>E</td></tr>
<tr><td rowspan="5">提腕下折动作要求
推抓准确，回按有力</td><td rowspan="5">5</td><td>A</td><td>全部动作正确</td><td></td><td></td><td></td><td></td><td></td><td rowspan="5"></td></tr>
<tr><td>B</td><td>个别动作不正确</td><td></td><td></td><td></td><td></td><td></td></tr>
<tr><td>C</td><td>部分动作不正确</td><td></td><td></td><td></td><td></td><td></td></tr>
<tr><td>D</td><td>大部分动作不正确</td><td></td><td></td><td></td><td></td><td></td></tr>
<tr><td>E</td><td>放弃或缺考</td><td></td><td></td><td></td><td></td><td></td></tr>
<tr><td>合计配分</td><td>5</td><td colspan="7">合计得分</td><td></td></tr>
</table>

考评员（签名）：

等级	A（优）	B（良）	C（及格）	D（较差）	E（放弃或缺考）
比值	1.0	0.8	0.6	0.2	0

“评价要素”得分 = 配分 × 等级比值。

2. 参考答案

“提腕下折”动作要领：我方从对方背后接近，用左手虎口朝前推抓其右腕，同时右手向后拍搂其右肘窝，随即屈肘上抬，左手拇指抵住其手心，四指扣压其手背并用力向回按压，左臂屈肘夹紧并前顶，成直臂控制。

重点安保人防（学校）
操作技能鉴定试题单

试题代码：4. 1. 1。

试题名称：短保安棍盾牌进攻。

考核时间：1 min。

1．操作条件

平坦地面一块（室外、室内均可），短警棍一根，防暴盾牌一副。

2．操作内容

短保安棍盾牌进攻战术。

3．操作要求

动作一：垫步前戳。

戳击目标腹部，垫步要快，戳击要准，上步与戳击要连贯协调，一气呵成。

动作二：下位正劈。

攻击目标腿、膝部，下蹲稳重、抡臂有力、下砸要猛。

动作三：下位反抽。

攻击目标腿、膝部，上步要快、反手抡臂迅速、下砸有力。

重点安保人防（学校）操作技能鉴定试题评分表及答案

考生姓名：　　　　　　　　　　　　准考证号：

1．评分表

<table>
<tr><td colspan="2">试题代码及名称</td><td colspan="3">4.1.1　短保安棍盾牌进攻</td><td colspan="3">考核时间</td><td colspan="2">1 min</td></tr>
<tr><td colspan="2" rowspan="2">评价要素</td><td rowspan="2">配分</td><td rowspan="2">等级</td><td rowspan="2">评分细则</td><td colspan="4">评定等级</td><td rowspan="2">得分</td></tr>
<tr><td>A</td><td>B</td><td>C</td><td>D</td></tr>
<tr><td rowspan="5">1</td><td rowspan="5">动作：垫步前戳
要求：垫步要快，戳击要准，上步与戳击要连贯协调，一气呵成</td><td rowspan="5">4</td><td>A</td><td>全部动作正确</td><td></td><td></td><td></td><td></td><td rowspan="5"></td></tr>
<tr><td>B</td><td>个别动作不正确</td><td></td><td></td><td></td><td></td></tr>
<tr><td>C</td><td>部分动作不正确</td><td></td><td></td><td></td><td></td></tr>
<tr><td>D</td><td>动作大部分不正确</td><td></td><td></td><td></td><td></td></tr>
<tr><td>E</td><td>放弃或缺考</td><td></td><td></td><td></td><td></td></tr>
<tr><td rowspan="5">2</td><td rowspan="5">动作：上步抡砸
要求：下蹲稳重、抡臂有力、下砸要猛</td><td rowspan="5">3</td><td>A</td><td>全部动作正确</td><td></td><td></td><td></td><td></td><td rowspan="5"></td></tr>
<tr><td>B</td><td>个别动作不正确</td><td></td><td></td><td></td><td></td></tr>
<tr><td>C</td><td>部分动作不正确</td><td></td><td></td><td></td><td></td></tr>
<tr><td>D</td><td>动作大部分不正确</td><td></td><td></td><td></td><td></td></tr>
<tr><td>E</td><td>放弃或缺考</td><td></td><td></td><td></td><td></td></tr>
<tr><td rowspan="5">3</td><td rowspan="5">动作：反手抡砸
要求：上步要快、反手抡臂迅速、下砸有力</td><td rowspan="5">3</td><td>A</td><td>全部动作正确</td><td></td><td></td><td></td><td></td><td rowspan="5"></td></tr>
<tr><td>B</td><td>个别动作不正确</td><td></td><td></td><td></td><td></td></tr>
<tr><td>C</td><td>部分动作不正确</td><td></td><td></td><td></td><td></td></tr>
<tr><td>D</td><td>动作大部分不正确</td><td></td><td></td><td></td><td></td></tr>
<tr><td>E</td><td>放弃或缺考</td><td></td><td></td><td></td><td></td></tr>
<tr><td colspan="2">合计配分</td><td>10</td><td colspan="6">合计得分</td><td></td></tr>
</table>

考评员（签名）：

等级	A（优）	B（良）	C（及格）	D（较差）	E（放弃或缺考）
比值	1.0	0.8	0.6	0.2	0

“评价要素”得分 = 配分 × 等级比值。

2．参考答案

详见附录“三、护校保安装备使用技术→3．实战演练→（1）项目一”。

重点安保人防（学校）
操作技能鉴定试题单

试题代码：5.1.3。

试题名称：中学校门口发生暴恐事件模拟场景的处置。

考核时间：4 min。

1. 操作条件

装备保障：保安长棍、保安短棍、手电筒、防暴钢叉、灭火器、警戒带、木棍等。

2. 操作内容

某中学校园大门前的马路上，正是学生早晨上学的高峰时期，车水马龙、络绎不绝。校园保安员根据上级的要求，采用“2+2”的保卫模式，严格岗位值守。7：30左右，突然蹿出一名头戴棒球帽、手持长砍刀、患有精神病的男子，挥刀向多名毫无防备的中学生砍去，现场一片混乱。

如果你当班值守，面对持刀砍杀学生的犯罪嫌疑人，将如何处置？

重点安保人防（学校）操作技能鉴定试题评分表及答案

考生姓名：　　　　　　　　　　　　　　准考证号：

1．评分表

试题代码及名称		5.1.3　中学校门口发生暴恐事件模拟场景的处置			考核时间			4 min		
评价要素		配分	等级	评分细则	评定等级					得分
					A	B	C	D	E	
1	先期处置： （1）使用保安装备快速控制要害部位 （2）大声呼喊示警求援或利用通信工具示警求援 （3）利用砸门窗、敲桌子、跺地板、按喇叭、摇灯火等引起他人注意的各种示警求援方法 （4）站位于目标弱手侧45°角位置。与其他人合力处置并采用三角站位管控 （5）合理分工 （6）拨打110报警、120急救 （7）先期处置中出现的任何可能造成保安员自身威胁的口令或动作	10	A	动作全部正确						
			B	动作有个别不正确						
			C	动作有部分不正确						
			D	动作大部分不正确						
			E	放弃或缺考						

续表

评价要素		配分	等级	评分细则	评定等级					得分
					A	B	C	D	E	
2	进一步管控： （1）条件允许时，创造时机、出其不意、攻其不备 （2）侧身快速接近目标 （3）使用装备合理或手持灭火器对准目标喷射 （4）发动现场群众及人员分工明确 （5）控制得当，现场急救。及时运用所学专业知识（止血、包扎、固定、搬离，CPR 心肺复苏），开展自救或互救控制伤势，为进一步诊治赢得时间 （6）事后指出幼儿园的安全隐患	10	A	动作全部正确						
			B	动作有个别不正确						
			C	动作有部分不正确						
			D	动作大部分不正确						
			E	放弃或缺考						
合计配分		20	合计得分							

考评员（签名）：

等级	A（优）	B（良）	C（及格）	D（较差）	E（放弃或缺考）
比值	1.0	0.8	0.6	0.2	0

“评价要素”得分 = 配分 × 等级比值。

2. 参考答案

保安员应立即挺身而出，迅速起动，手持长短保安棍，快速上步接近犯罪嫌疑人，口令控制的同时，用长短保安棍对准正在挥刀行凶的犯罪嫌疑人戳击、劈击或用长短保安棍控制；或运用擒拿格斗技术当场干脆利落地将犯罪嫌疑人擒获控制。

在战术上，运用前后夹击，前引后击战术形式，控制精神病患者。

控制手段：可采用多种技能。

其他：拨打 110 报警；120 急救；现场群众求助；现场急救。

根据《中小学幼儿园安全管理办法》，学校应当健全门卫制度，建立校外人员入校的登记或者验证制度。学校门卫应当由专职保安员或者其他能够切实履行职责的人员担任。在治安情况复杂的学校周边地区增设治安岗亭和报警点，及时发现和消除各类安全隐患。

附录

应用体技能和装备使用训练

一、应用体能

1. 队列

（1）“立正”动作要领。两脚跟靠拢并齐，两脚尖向外分开约60°；两腿挺直；小腹微收，自然挺胸；上体正直，微向前倾；两肩要平，稍向后张；两臂自然下垂，手指并拢微屈，拇指尖贴于食指的第二节，中指贴于裤缝；头要正，颈要直，口要闭，下颌微收，头稍向上，眼睛注视前一名队员的帽子的中心处。

（2）“稍息”动作要领。左腿提跨，左脚顺脚尖方向伸出约全脚的2/3，脚尖着地，两腿自然伸直，上体保持立正姿势，身体重心大部分落于右脚。稍息过久，可自行换脚，出脚、收脚要迅速，无擦地声。

（3）“跨立”动作要领。左脚向左跨出约一脚之长，两腿自然伸直，上体保持立正姿势，身体重心落于两脚之间。两手后背，左手握右手腕，右手手指并拢自然弯曲，手心向后。右手手型与齐步走时的手型相同，双手放于内腰带上部，外腰带下部。

（4）“停止间转法”动作要领

1）向右（左）转。听到向右（左）转的口令，以右（左）脚跟为轴，右（左）脚跟和左（右）脚掌前部同时用力，身体和脚一致向右（左）转90°，体重落于右（左）脚，左（右）脚取捷径迅速靠拢右（左）脚，成立正姿势。

2）向后转。听到向后转的口令，按向右转的要领向后转体180°。

（5）“齐步与立定”动作要领

1）齐步走。当听到“齐步走”的口令，左脚向正前方迈出约75厘米，按照先脚跟、后脚掌的顺序着地，同时身体中心前移，右脚照此法动作。上体正直，微向前倾；

手指轻轻握拢，拇指贴于食指第二节；两臂前后自然摆动，向前摆臂时，肘部弯曲，小臂自然向里合，手心向内稍向下，拇指根部对正衣扣线，并与最下方衣扣同高，离身约25厘米；向后摆臂时，手臂自然伸直，手腕前侧距裤缝线约30厘米。行进速度每分钟116～122步。

2）立定。听到“立定”的口令，左脚再向前大半步着地（约50厘米，脚尖向外约30°），两腿挺直，右脚取捷径迅速靠拢左脚，成立正姿势。

（6）“敬礼”动作要领。听到“敬礼”的口令后，上体正直，右手取捷径迅速抬起，五指并拢自然伸直，中指接近帽檐右角前约2厘米处（戴无檐帽或不戴军帽时接近太阳穴，与眉同高），手心向下，微向外张（约20°），手腕不得弯曲，右大臂略平，与两肩略成一线，同时注视受礼者。听到“礼毕”的口令，将手放下，成立正姿势。

2．体能

（1）跳十字

【操作内容】受测者在十字方格（1米×1米，见附图1）内，用站立方式，依照1—2—3—4—1的顺序起跳。每跳回原点算一次计数，如果顺序跳错则不计数。如果踩线也不计数。测试标准见附表1。

【操作要求】按规定顺序双脚同时跳，不能踩线，在2分钟时间内完成。

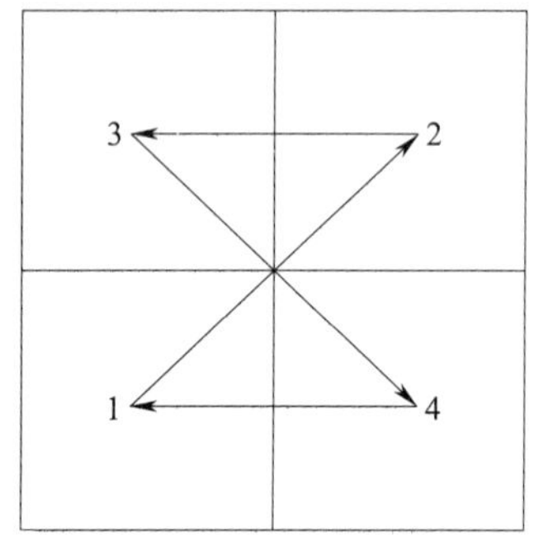

附图1　十字方格

附表1　　测试标准　　单位：次/min

项目 / 年龄	跳十字	
	男	女
30岁以内	20	18
30～40岁	18	16
41～50岁	16	14
51岁以上	14	12

（2）俯卧撑

【操作内容】双手支撑身体，双臂垂直于地面，两腿向身体后方伸展，依靠双手和两个脚的脚尖保持平衡，保持头、脖子、后背、臀部以及双腿在一条直线上。

【动作重点】全身挺直，平起平落。两个肘部向身体外侧弯曲，身体降低到基本靠近地面。收紧腹部，保持身体在一条直线上，持续1秒钟，然后恢复原状。测试标准见附表2。

【操作要求】全身挺直，平起平落，在2分钟时间内完成。

附表2　　测试标准

等级	评分细则
A	≥30次
B	≥16次
C	≥12次
D	<12次
E	放弃或缺考

二、防卫擒技术

1. 提腕下折

【动作要领】我方从对方背后接近，用左手虎口朝前推抓其右腕，同时右手向后拍搂其右肘窝，随即屈肘上抬，左手拇指抵住其手心，四指扣压其手背并用力向回按压，左臂屈肘夹紧并前顶，成直臂控制，见附图2。

【操作要求】推抓准确，回按有力。

附图 2　提腕下折

2. 别肘拉发

【动作要领】对方右手抓住我方右肩衣领时，我方立即左臂屈肘，左手扣握住对方右手背，同时右臂屈肘上举从其右臂上穿过，小臂由其右臂下穿过，别住对方右肘关节。别肘同时右手抓住其胸前衣领，左手由后拉其头发将其制服，见附图3。

【操作要求】抓握、别肘到位，拉发、抓胸有力。

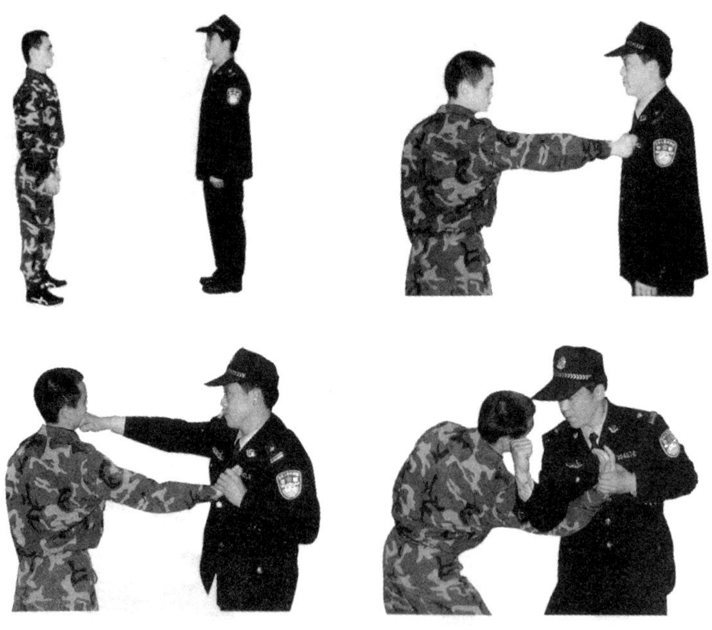

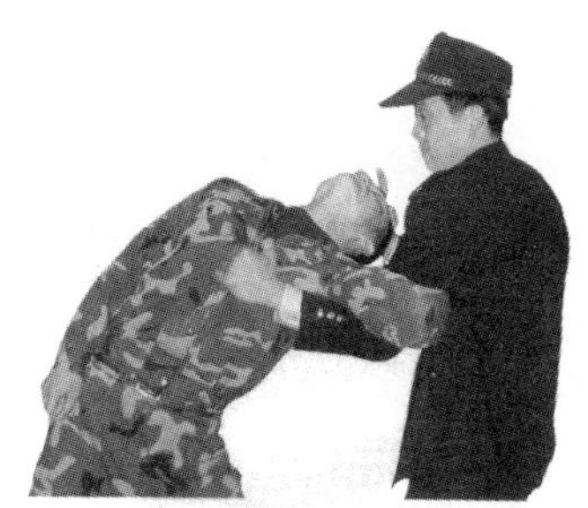

附图 3　别肘拉发

3. 携腕别臂

【动作要领】我方别臂按压，身体紧贴对方臂肘，右手牵拉对方右手掌，顺势转体撤步将对方拉倒，成俯身压颈控制，见附图 4。

【操作要求】抓腕、折腕迅速，转身、别臂协调。

附图 4　携腕别臂

4．别臂锁肘

【动作要领】我方左手抓握对方右手腕上拉，右手拖拉对方右肘关节，迫使对方右臂弯曲，左臂由其右臂上伸过，再由右大臂下穿出，用左小臂及腋下夹住对方右臂。押解时，左小臂上抬，右手托对方右肘关节，与对方身体平行，见附图5。

【操作要求】左拉、右托协调，穿臂、上提迅速。

附图5　别臂锁肘

5．双臂叉挡防下

【动作要领】当对方持匕首由下方刺来时，我方左脚后撤半步，双臂相叠，成十字状叉挡在对方右小臂上。同时左脚向前一步，右手向后下方扳压对方肘部，左手顺势上穿扣压对方肩背部，并以肘臂别住对方小臂，迫使对方屈腰俯身。右手随即将对方右手翻腕抓握，见附图6。

【操作要求】叉挡、转体准确迅速，扣压、撬别到位有力。

附图6 双臂叉挡防下

6. 接中高鞭腿

【动作要领】接左鞭腿（中高腿），基本姿势起，双拳变掌、右手往前上、左手往前下，掌心相对，身体右转，右手向下、左手向上合击卡住来腿，同时双手顺腿来方向缓冲。接右腿时左转身。

【操作要求】变掌转身，双臂卡紧。

7. 接低鞭腿

【动作要领】基本姿势起，左膝上提、小腿自然外翻，同时左手下放至左脚踝处。

8. 单臂架挡防上

【动作要领】当对方持斧由上方砍来时，我方左脚向前上步，左小臂上架格挡对方右小臂。同时右手扳拉对方肘部，迫其屈肘，右脚向前一步，右手顺势穿入对方肘弯，撬别其右小臂，左手翻掌抓握其右手掌腕部，迫其屈腕成后仰状，见附图7。

【操作要求】扣压、撬别到位有力。

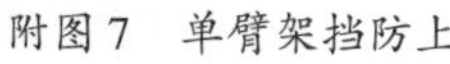

附图7 单臂架挡防上

9. 单臂抓握解脱

【动作要领】当对方右手由上往下抓握我方右小臂时，我方右手臂由下往上用力回拉，同理身体右转，以解脱对方的抓握，见附图 8。

【操作要求】回拉用力、及时。

附图 8　单臂抓握解脱

10. 双臂抓握解脱

【动作要领】当对方持匕首由下方刺来时，我方左脚后撤半步、双臂相叠，成十字状叉挡在对方右小臂上。同时左脚向前一步，右手向后下方扳压对方肘部，左手顺势上穿扣压其肩背部，并以肘臂别住其小臂，迫其屈腰俯身，右手随即将对方右手翻腕抓握。

【操作要求】叉挡、转体准确迅速，扣压、撬别到位有力。

三、护校保安装备使用技术

1. 日常勤务

（1）项目一：双人护卫（见附图 9）

附图 9　双人护卫实景图

【要求】

1）按规定穿着勤务装备。一人持短保安棍和盾牌，一人持长保安棍。

2）双人岗45°角站位于出入口门岗两侧，双方队员应保持高度戒备状态，利用交替目光监视岗位区域内安全及外部人员动态。

3）如遇突发事件，保安员应迅速出击，利用保安棍盾牌组合战术有效地保护学童，隔离、制服歹徒。

（2）项目二：四人护卫（见附图10）

【要求】

1）以大门内外划分岗位。内岗两名，外岗两名。

附图10　四人护卫实景图

2）外岗保安员为双人岗45°角站位，主要负责警戒观察、查验问询、处理突发事件。

3）内岗保安员为面对面站位，主要负责查验问询、协助外岗处理突发事件。

4）一旦发生突发事件，内岗保安员负责关闭校门、报警、维持校内秩序；外岗保安员应迅速出击，利用保安棍盾牌组合战术有效地保护学童，隔离、制服歹徒。

2．戒备状态（见附图11）

【要求】

（1）持盾牌和短保安棍保安员迅速做出格斗式准备，左手将盾牌置于身体胸前处，右手紧握保安棍，目视前方，可随时对突发事件做出防御、攻击、制服动作。

附图 11　戒备状态实景图

（2）持长保安棍保安员迅速做出格斗式准备，右手紧握保安棍末端置于身体右侧腰际处，左手紧握保安棍中后部，目视前方，可随时对突发事件做出防御、攻击、制服动作。

（3）持械保安员应熟练利用器械威力及特点，并采用取长补短战术做好防御、攻击准备。

3．实战演练

（1）项目一：短保安棍盾牌进攻

1）动作一：垫步前戳

【要求】垫步要快，戳击要准，上步与戳击要连贯协调，一气呵成。

【用途】戳击目标腹部。

【要领】

①格斗式准备（见附图 12a）。

②左脚上步成左弓步，同时左手持盾牌向前格挡（见附图 12b 和附图 12c）。

③盾牌弓步格挡时，右手持短保安棍迅速由身体右侧向目标腹部戳击，两眼目视前方目标（见附图 12d）。

④垫步前戳动作完成（见附图 12e）。

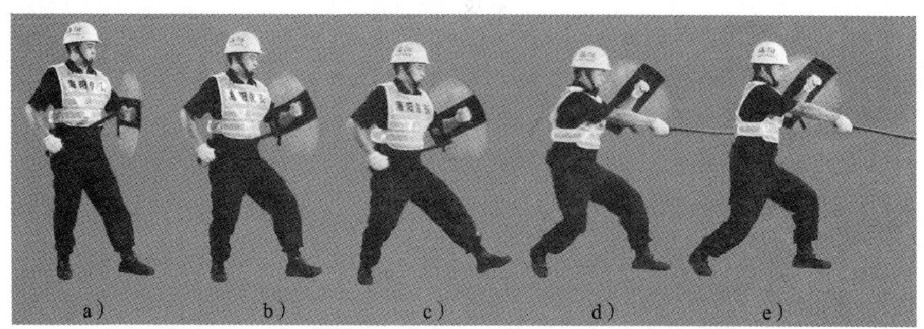

附图 12 短保安棍盾牌进攻——垫步前戳分解图

2）动作二：上步抡砸

【要求】下蹲稳重，抡臂有力，下砸要猛。

【用途】攻击目标腿、膝部。

【要领】

①格斗式准备（见附图 13a）。

②左脚上步成左弓步，同时左手持盾牌上前格挡，右手上举短保安棍（见附图 13b 和附图 13c）。

③右手持短保安棍，迅速由身体右侧向目标腿、膝部抡臂下砸（见附图 13d）。

④上步抡砸动作完成（见附图 13e）。

附图 13 短保安棍盾牌进攻——上步抡砸分解图

3）动作三：反手抡砸

【要求】上步要快，反手抡臂迅速，下砸有力。

【用途】攻击目标腿、膝部。

【要领】

①格斗式准备（见附图 14a）。

②左脚垫步成左弓步，同时左手持盾牌格挡目标攻击（见附图 14b）。

③右手持短保安棍，迅速由身体左侧反手抡臂下砸目标腿、膝部（见附图 14c 和附图 14d）。

④反手抡砸动作完成（见附图 14e）。

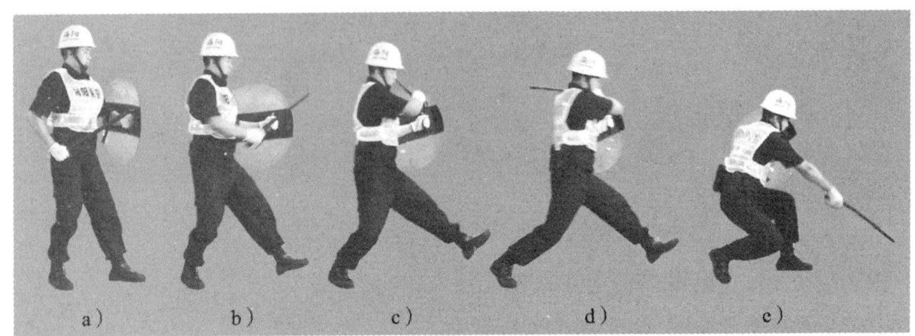

附图 14　短保安棍盾牌进攻——反手抡砸分解图

（2）项目二：长保安棍进攻

1）动作一：上步刺杀

【要求】弓步要稳，握棍要紧，出棍迅速，刺杀有力。

【用途】攻击目标腹部。

【要领】

①格斗式准备（见附图 15a）。

②左脚上步成左弓步，身体略向前倾，右手紧握保安棍末端，左手紧握保安棍中后部（见附图 15b）。

③双手握棍以顶刺动作向目标腹部戳击，两眼目视前方（见附图 15c 和附图 15d）。

④上步刺杀动作完成（见附图 15e）。

附图 15　长保安棍进攻——上步刺杀分解图

2）动作二：右侧抡砸

【要求】转棍迅速，下砸有力。

【用途】攻击目标腿、膝部。

【要领】

①保持上步刺杀姿势（见附图16a）。

②左脚上步成左弓步，身体重心下压（见附图16b）。

③迅速扭腰，用保安棍末端攻击目标腿、膝部（见附图16c和附图16d）。

④右侧抡砸动作完成（见附图16e）。

附图16 长保安棍进攻——右侧抡砸分解图

3）动作三：左侧抡砸

【要求】转腰迅速，保安棍反转迅速，上撩快猛。

【用途】攻击目标腿、膝部。

【要领】

①保持右侧抡砸姿势（见附图17a）。

②左脚上步向前，左手转腕握棍（见附图17b和附图17c）。

③身体由左向右扭腰下压，左手紧握保安棍中部，右手紧握保安棍末端，将保安棍由身体左侧迅速向右侧抡砸（见附图17d）。

④左侧抡砸动作完成（见附图17e）。

（3）项目三：短保安棍格挡

1）动作一：上步格挡

【要求】握棍要紧，弓步要稳，迎击迅速，格挡精准。

【用途】抵御歹徒持械由正前方上砍进攻。

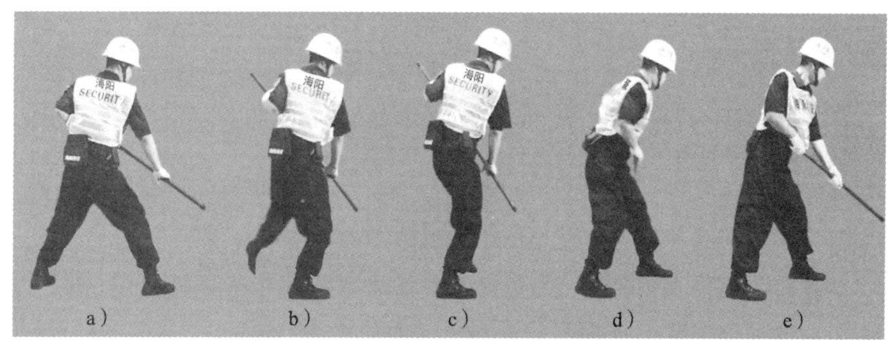
附图 17　长保安棍进攻——左侧抡砸分解图

【要领】

①格斗式准备（见附图 18a）。

②左脚上步成左弓步，身体略向前倾，右手紧握短保安棍末端，左手紧握短保安棍前端（见附图 18b 和附图 18c）。

③双手紧握短保安棍以顶举动作格挡歹徒正面上方的持械攻击（见附图 18d 和附图 18e）。

④上步格挡动作完成（见附图 18f）。

附图 18　短保安棍格挡——上步格挡分解图

2）动作二：左格挡

【要求】握棍要紧，弓步要稳，迎击迅速，格挡精准。

【用途】抵御歹徒持械由左侧横扫进攻。

【要领】

①格斗式准备（见附图 19a）。

②左脚上步成左弓步，身体略向前倾，右手紧握短保安棍末端，左手紧握短保安棍前端（见附图 19b 和附图 19c）。

③双手紧握短保安棍，双臂平行向身体左侧竖棍格挡歹徒持械进攻（见附图 19d）。

④左格挡动作完成（见附图 19e）。

附图 19　短保安棍格挡——左格挡分解图

3）动作三：右格挡

【要求】握棍要紧，弓步要稳，迎击迅速，格挡精准。

【用途】抵御歹徒持械由右侧横扫进攻。

【要领】

①格斗式准备（见附图 20a）。

②左脚上步成左弓步，身体略向前倾，右手紧握短保安棍末端，左手紧握短保安

棍前端（见附图 20b 和附图 20c）。

③双手紧握短保安棍，双臂平行向身体右侧竖棍格挡歹徒持械进攻（见附图 20d）。

④右格挡动作完成（见附图 20e）。

附图 20　短保安棍格挡——右格挡分解图

（4）项目四：长保安棍格挡

1）动作一：上步格挡

【要求】握棍要紧，弓步要稳，迎击迅速，格挡精准。

【用途】抵御歹徒持械由正前方上砍进攻。

【要领】

①格斗式准备（见附图 21a）。

②左脚上步成左弓步，身体略向前倾，双手紧握长保安棍两端，双臂推举保安棍斜向正前上方（见附图 21b 和附图 21c）。

③双手紧握长保安棍以顶举动作格挡歹徒持械攻击正面上方（见附图 21d）。

④上步格挡动作完成（见附图 21e）。

2）动作二：左格挡

【要求】握棍要紧，弓步要稳，迎击迅速，格挡精准。

附图 21 长保安棍格挡——上步格挡分解图

【用途】抵御歹徒持械由左侧横扫进攻。

【要领】

①格斗式准备（见附图 22a）。

②左脚上步成左弓步，身体略向前倾，双手紧握长保安棍两端，双臂推举保安棍竖向左侧（见附图 22b 和附图 22c）。

③双手紧握长保安棍以顶推动作格挡歹徒持械进攻左侧（见附图 22d）。

④左格挡动作完成（见附图 22e）。

3）动作三：右格挡

【要求】握棍要紧，弓步要稳，迎击迅速，格挡精准。

【用途】抵御歹徒持械由右侧横扫进攻。

【要领】

①格斗式准备（见附图 23a）。

②左脚上步成左弓步，身体略向前倾，双手紧握长保安棍两端，双臂推举保安棍竖向右侧（见附图 23b 和附图 23c）。

③双手紧握长保安棍以顶推动作格挡歹徒持械进攻右侧（见附图 23d）。

附图 22　长保安棍格挡——左格挡分解图

④右格挡动作完成（见附图 23e）。

附图 23　长保安棍格挡——右格挡分解图

（5）项目五：长短保安棍盾牌组合进攻（见附图 24）

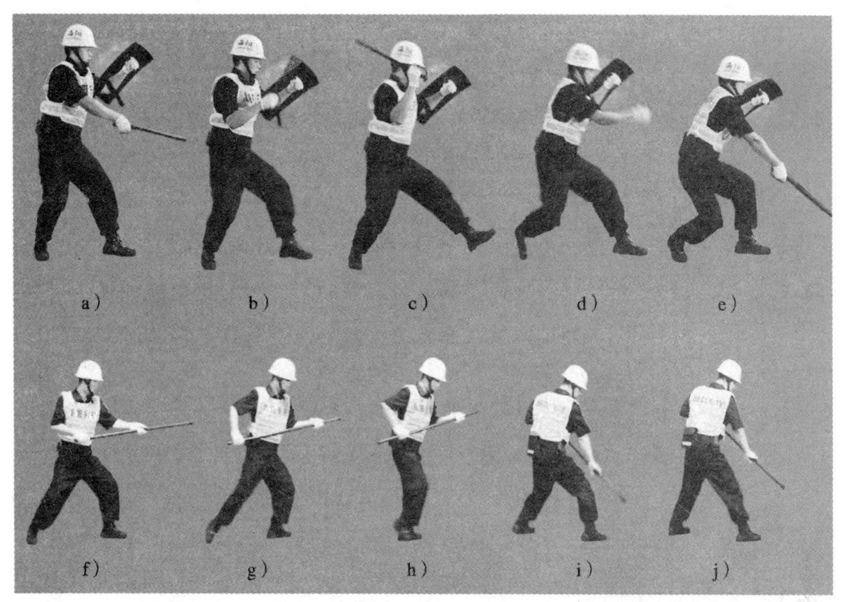

附图 24　长短保安棍盾牌组合进攻——连贯动作分解图

【要求】发挥器械特点，配合默契，出击迅速，有效制敌。

【用途】抵御、攻击、制服歹徒持械行凶。

【说明】短保安棍盾牌保安员与长保安棍保安员动作同步进行。

【要领】格斗式准备，短保安棍盾牌保安员与长保安棍保安员同步实施三步击打进攻，短保安棍盾牌保安员的任务为防御攻击；攻击目标对象腿部。长保安棍保安员的任务为前推式攻击；攻击目标对象腹部、腿部。

（6）项目六：长短保安棍盾牌组合护卫（见附图 25）

【要求】发挥器械特点，配合默契，出击迅速，格挡到位，对学童实施有效保护，抵御歹徒行凶施暴。

【用途】抵御暴徒，保护学童。

【说明】短保安棍盾牌保安员与长保安棍保安员动作同步进行。

【要领】格斗式准备，短保安棍盾牌保安员迅速出击，利用盾牌护住学童向后退撤。长保安棍保安员迅速出击，利用长棍特点格挡歹徒进攻，配合掩护短保安棍盾牌保安员护送学童撤离至安全区域。

四、防暴钢叉使用

防暴钢叉适用于各中小学保安员。防暴钢叉采用圆形不锈钢制成，手感好、易控制，这种防暴钢叉重量仅 2 kg 左右，可拆卸，最短 1 m 左右，最长可伸至 2 m 多远，

附图 25　长短保安棍盾牌组合护卫——连贯动作分解

末端是半月弧形钢叉，没有锐利棱角。它既可保证执勤人员的安全，也能有效制服歹徒，且可避免对歹徒造成伤害。防暴钢叉使用如附图 26 所示。

附图 26　防暴钢叉使用

钢叉防暴术共分为基本技术、实战攻防技术、实战控制技术等三大部分，充分发挥了防暴钢叉防护、攻击、控制三大作用，突出防暴钢叉的挑、挡、点、拨、戳、劈、撩、扫、叉、控等技术特点，能够快速有效制服使用刀、棍等凶器的嫌疑人。